南京文化[illegible]览

南京出版社

图书在版编目（CIP）数据

南京文化遗产概览 / 付启元编著. -- 南京 : 南京出版社, 2023.2

ISBN 978-7-5533-4139-2

Ⅰ. ①南… Ⅱ. ①付… Ⅲ. ①文化遗产－概况－南京 Ⅳ. ①K295.31

中国国家版本馆CIP数据核字（2023）第023060号

封面用图 明孝陵（约翰·汤姆森摄，1871年）

书　　名 南京文化遗产概览
作　　者 付启元
出版发行 南京出版传媒集团
南 京 出 版 社

社址：南京市太平门街53号　　邮编：210016
网址：http：//www.njcbs.cn　　电子信箱：njcbs1988@163.com
联系电话：025-83283893、83283864（营销）　025-83112257（编务）

出 版 人 项晓宁
出 品 人 卢海鸣
责任编辑 潘　珂
装帧设计 赵海玥
责任印制 杨福彬

制　　版 南京新华丰制版有限公司
印　　刷 南京工大印务有限公司
开　　本 787毫米×1092毫米　1/32
印　　张 4.5
字　　数 60千
版　　次 2023年2月第1版
印　　次 2023年2月第1次印刷
书　　号 ISBN 978-7-5533-4139-2
定　　价 20.00元

目录

前言

文化遗产是人类文明的标志，城市文化的载体。文化遗产记录了城市变迁的历史脉络，寄托着市民的精神家园。一般来说，在城市的发展过程中会形成一些被人们保留下来的历史遗存，留下时代的文化烙印。一座城市各个时期的文化遗存记录着一个城市的沧桑岁月；历史遗址、遗迹，传统建筑，历史街区等物质文化遗产是构成一个城市记忆的重要因素。保存城市的记忆，延续文明的脉络，是城市发展的需要。

作为一座具有近2500年建城史和450年建都史的文化古都，南京拥有深厚的历史文化、众多的历史名人、丰富的历史遗存。随着岁月的流逝，许多物质形态的文化创造已成为废墟或失去原有使用功能的“文物”，融入文化遗产宝库中，对城市发展发挥着独特的作用。南京是中国重要的古都型现代化大都市，在国家文化遗产体系中占有极其重要的地位。南京文化资源丰厚，文化遗产无论是在数量、类型，还是区域特色方面，在全国处于前列。南京市级以上文保单位在六大古都中位列第二，在十五个副省级城市中位列第一。现有世界文化遗产1处10点；市级以上文物保护单位516处587点，其中全国重点文物保护单位49处103点、省级文物保护单位109处116点、市级文物保护单位358处368点。南京非物质文化遗产有2000多项，其中4个项目被联合国列入人类非物质文化遗产代表作名录；10个项目被列为国家级“非遗”代表作。近2500多年的城市史，折射着南京这座世界历史文化名城极不寻常的发展历程，蕴含着古老都城文化底蕴的丰饶和深厚。南京的城市发展轨迹和历史文化遗存反映了南京文化的基本特征，体现了南京城市的历史文化地位。

从历时性的角度，南京文化遗产可分为史前文化、六朝文化、南唐文化、明清文化、民国文化和当代文化；从文化结构特征来看，大致可以分为历史文化层、民俗文化层、革命文化层和现代文化层四类。从空间来看，南京形成了以中山陵为中心的钟山文化带、以清凉山为中心的清凉山文化带，以及以秦淮河为中心的秦淮文化带等。这些分类从一个侧面体现了南京文化遗产的丰富内涵与鲜明特色，但南京文化遗产的特色与丰富性没有在分类中得到完整展现。从文化特色、资源优势角度来看，南京文化遗产主要包括史前文化遗产、都城文化遗产、宗教文化遗产、科教文化遗产、革命文化遗产、工商文化遗产和非物质文化遗产。本书主要将这几类文化遗产的主体部分向读者作简要介绍。

第一章　先民遗迹——史前文化遗产

南京是古人类的发源地，有汤山葫芦洞、薛城遗址、北阴阳营遗址、固城遗址等众多古人类遗址。从空间分布来看，古人类文化主要分布在城市外围，以高淳、浦口、江宁等地区为主。此外，北阴阳营和固城遗址也是南京史前文化的典型代表。2013年，高淳薛城遗址和固城遗址双双被国务院列入国家级文保单位。

第一节　汤山葫芦洞

1993年，南京市博物馆和北京大学考古系合作对葫芦洞进行了发掘，发现了距今50万年前的南京人头骨化石和一批古生物化石。因为南京人头骨化石在考古人类学上的重要价值，南京人化

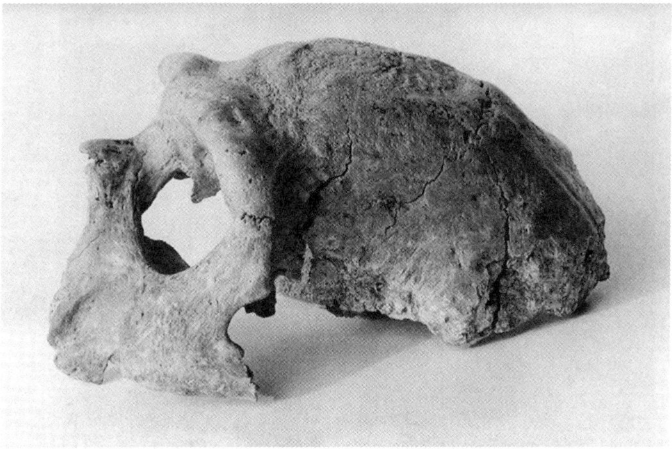

南京人头盖骨

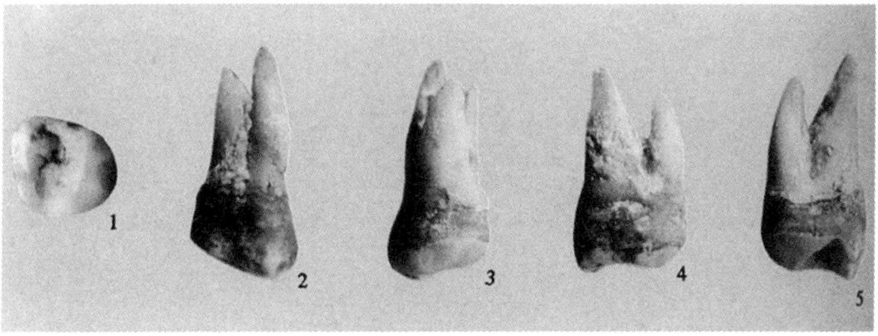

南京人牙齿化石

石地点的考古发掘为1994年度十大考古新发现之一。发现地葫芦洞也在2006年被列为全国重点文物保护单位。

第二节 薛城遗址

1997年发现的南京新石器时代的遗址——薛城遗址位于南京市高淳区淳溪镇境内。它是南京面积最大、年代最早的史前古文化遗址，距今5500至6300年，是南京所有的文化遗存中年代最久远的，具有很高的考古价值。遗址被确定为“南京原始人发源地”。2013年，高淳薛城遗址列入全国文物保护单位。

薛城遗址大门

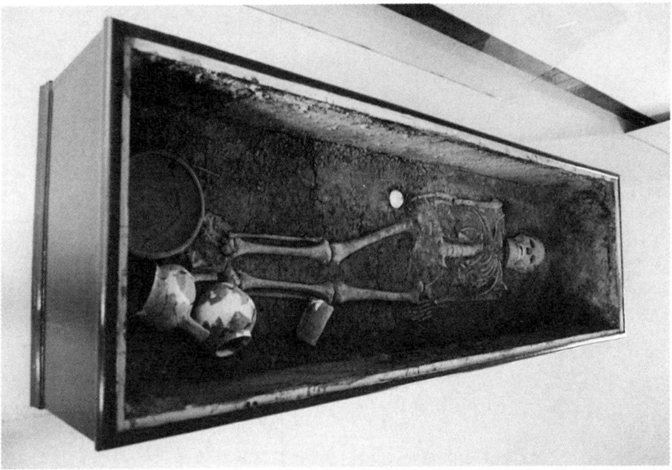

修复的 M15 人骨架

玉珏

第三节　固城遗址

固城是我国历史上建置最早的城邑之一，位于高淳区固城镇。城址平面呈不规则的多边形，分内城和外城两部分，城垣土筑，高一丈五尺。城内外留下了上自西周、下至唐宋的历史文物，尤其是两汉文物十分丰富。春秋战国时文物常见于“子城”之西，有1柄西周早期的铜直内戈、2件春秋时期的甬钟，以及青铜剑、铜镞等，还发现了8枚楚国货币郢爰。城内汉代陶片、砖瓦，俯首皆是。今藏于南京博物院的东汉光和四年（181）的《校官之碑》得于固城湖滨，是目前江苏保存时代最早的一通汉碑。此外还有汉代瓦当、筒瓦、板瓦等，表明固城在汉代已有比较讲究的建筑物。2013年，固城遗址列入全国文物保护单位。

第四节　牛头岗遗址

牛头岗遗址位于南京市长江北侧浦口区汤泉街道汤泉农场内，距南京市中心约30公里。汤泉街道北临滁河，与安徽省滁州市毗邻；南依老山，地势南高北低，南部山岭起伏，北部圩区平坦，中部为一带状岗地。牛头岗遗址发现于1990年，为一典型的“台形遗址”，高出地表3—5米，总面积约5万平方米，东宽西窄，东低西高，文化层堆积为3—6米，目前仍是南京发现的较大古文化遗址之一。南京市博物馆于1991年、1992年和2001年先后3次对该遗址进行考古发掘。遗址出土了大量新石器晚期的夹砂灰黑陶和泥质黑皮陶鼎、甗、盘、高足杯等。

第五节　南城遗址

南城遗址又称“开化城”“牛城”，位于高淳区桠溪镇南城村南1公里的公路东侧。史载“开化城乃溧水故城，至隋时始筑今所”。据明《万历溧水县志》记载，隋开皇十一年（591），从溧阳分出溧水县，县治设在高淳开化城。《景定建康志》载：“开化城，在县南九十里，环地三里六十步，高五尺。”高淳在隋至唐代属溧水辖地，明弘治四年（1491）划溧水南七乡置高淳县至今。北宋末年，岳家军抗击金兵，由牛皋率领一支队伍用火攻的方法拿下被敌人占领的城池，威震敌胆，后人遂改称为“牛城”以示纪念。城址平面呈不规则圆形，城垣用土夯筑。底宽20米左右，残高4—6米，东南西北四面辟有城门豁口，周长600余米。城垣外设护城濠一匝，濠宽12—15米，残深1.5—3米，轮廓清晰规整。城濠外西部有直径20多米、高出地面约6米的土墩，类似烽火瞭望台。城内曾出土过青铜剑、铜盔等文物。

第六节　琉璃窑窑址

琉璃窑窑址位于雨花台区窑岗村、芙蓉山、眼香庙一带。据记载，芙蓉山共有72座窑，是明初为建宫殿而开办的御窑。据《明会典》记载，明朝烧造琉璃构件的窑址在当年聚宝门外的聚宝山。聚宝门就是今天的中华门，聚宝山一带现在则通称雨花台。经文物部门勘查、发掘后，依据残窑遗迹和采集到的一些构件，证实了窑岗村一带是《明会典》中所称聚宝山官窑所在地。这些窑大部分筑在山坡上，排列最整齐的是眼香庙前的一排六座窑。六座窑的总长度为22.7米，窑门向西，自南至北顺山坡一字构筑。窑均为圆形倒火焰式柴窑，容积不大，内径3米左右，窑门为拱形，中高1.36米，宽0.65米。窑的燃烧室紧接着窑门，占整个窑腔的三分之一，其余三分之二为放置坯件的本烧室。窑室的后部为砖砌烟囱，与窑门东西相对。窑底部有吸火孔，与烟囱相通。这种窑火力均匀，不易出现废品，但热能利用率低。

南京博物院曾对窑址进行勘探和发掘，并清理了一座窑址。在窑内遗留下来的各式素坯和已上釉的残品当中，发现了大批属于琉璃塔所用的砖瓦，包括塔上的斗拱、柱，有彩画的额枋、椽、拱门花砖及须弥座等。在不少琉璃塔拱门砖的侧面，写有“左作一层”“二层左作六号”“巳字二右”“七层右”等字样。南京博物院的工作人员认为此类字号是记载这些琉璃砖是哪一座窑出品的，也有可能是表示这些琉璃砖在这一层的塔上所应占的地位。永乐初年动工建造这座大报恩寺琉璃塔时，相传一共烧了三套全塔的砖瓦，用一套建塔，其余两套埋在地下，编好各层的号码，遇到塔砖有损坏时，即依号掘取一件来修换。有人认为，这次发掘的琉璃塔构件，若不是废品，可能就是当年所埋藏在地下的琉璃塔两套备件中的一部分。这批五彩琉璃构件现分别藏于中国国家博物馆、南京博物院和南京市博物馆。

第七节　朝墩头遗址

朝墩头遗址位于高淳区固城镇檀村，西距固城湖3公里，南距胥溪河1.5公里。遗址呈台形，高出地面5米左右。现存面积约4000平方米。1989年，南京博物院在此发掘500平方米，发现墓葬17座、灰坑8个，出土可复原的遗物近500件，包含新石器时代和周代的文化遗存。新石器时代文化遗存经历了早、晚两个时期。早期陶器以红陶为主，器形有鸭嘴形足鼎、壶、圈足豆等，还有石斧、石锛、石铲及玉雕饰品等，时代相当于崧泽文化晚期至良渚文化早期，并延续至良渚文化中期。晚期陶器以灰陶为主，器形有扁足罐、绳纹鼎、束腰袋足甗、浅盘高柄豆等，时代相当于龙山文化晚期。周代文化遗存的陶器以夹砂红陶为主，并有几何印纹陶和原始瓷器。主要器形有鼎、釜、盆、盘、豆、印纹硬陶罐、瓿、原始瓷豆、碗等，生产工具有石斧、石锛、石铲、陶纺轮、陶网坠及铜镞等。

该遗址文化层堆积厚2.5米，自上而下分5层。第三层灰坑中发现陶鼎、陶釜、圈足盆、网坠、石犁、石斧、陶豆、铜镞等。其中一件夹砂陶四足双层方鼎，较为少见，文化特征与河南龙山文化相似，距今约4000多年。第四层出土文物以夹砂陶、泥质黑皮陶为主，有高领罐、贯耳壶、竹节高把豆等，相当于良渚文化时期，距今约5000年。第五层随葬品主要有陶器、磨制石器、玉器三类。陶器以豆、鼎、壶为大宗，置于死者足部；石器主要有铲、锛、斧等，放在死者左侧或胸部；玉器散见于头、腕、胫、腰等部位。朝墩头遗址的发掘说明宁镇地区远古文化曾先后受到太湖地区崧泽文化晚期、良渚文化早期和河南龙山文化晚期的影响，为探索宁镇地区文明起源提供了新的线索和依据。

第八节　窨子山遗址

窨子山遗址位于秦淮区红花街道大明路南段西侧。遗址面积80×90平方米，高8—12米，为平顶大土墩。距今三四千年，为一处青铜器时代文化遗存，属湖熟文化类型。窨子山遗址是南京目前保存较好、为数不多的商周时期文化遗址。

第二章　十朝都会——都城文化遗产

都城文化是指一个城市在建都过程中所产生的，与都城地位相关的物质与非物质文化遗产。南京拥有450余年的建都史，这一历史过程既沉淀了南京深厚的文化底蕴，更为其蒙上了浓厚的帝都文化色彩。历史上东吴、东晋、宋、齐、梁、陈、南唐、明朝初期、太平天国、中华民国先后在南京定都，因此，南京素有“六朝古都”“十朝都会”之称。20世纪20年代，学术界提出的我国“五大古都”中，南京位列第四；1983年，增加了杭州，提出“六大古都”，南京仍在第四位。之后，“七大古都”和“十大古都”先后被提出，南京历史都城的位置始终未变。因此，南京不同于其他地域文化的突出特征就在于它具有十朝建都的历史，其历史文化的特色突出表现为

"都城文化"。

通过对"八大古都"的比较来看：依据历经朝代的数量，南京排名第三，仅次于西安和洛阳。从历经朝代对城市的影响角度，除了北京有其特殊的政治经济地位，拥有国家级文物保护单位最多，其他城市中，南京表现出了都城文化的突出优势。在八大都城中，南京拥有的全国重点文物保护单位位列第四。南京的都城文化主要以六朝、明朝和民国时期的遗址、建筑等文化资源为主，在全国来看都具有非常明显的唯一性特征。从空间分布来看，由于南京历史上战乱频仍，越城、金陵邑已经难觅踪迹，六朝建康城遗址随城市建设和考古发掘有所发现；南唐都城、宫城尚存遗迹；明都城大部分尚存，明外郭、皇城和宫城仅存遗迹；民国中山大道大部分风貌尚存。

第一节　石头城遗迹

石头城遗迹位于清凉山一带。早期楚在此

石头城遗址（吴小宝摄）

设金陵邑。三国时期孙权建都建业，在此筑石头城，因地理形势险胜，为历代兵家必争之地，有“石头虎踞”之称。石头城规模不大，实际是一个军事要塞。据史书记载，石头城以今清凉山为范围，周边七里一百步，主要依清凉山岩壁的自然形势筑成。此城南建有二门，东面一门，西、北两面因邻近大江，又为天然石壁，故而不设城门。唐以后逐渐废弃，文人多借此发思古之幽情。明将石头城作为城墙一部分围入城内。今存遗址南北长300余米，亦称“鬼脸城”，是南京现存最古老的城垣之一，为江苏省文物保护单位。

第二节　明故宫遗址

明故宫遗址位于中山东路南北两侧。明故宫由皇城与宫城两部分组成，合称“皇宫”。宫城又称“大内”，俗称“紫禁城”，约1公里见方，周长4公里。皇城周长9公里，呈“凸”字形。皇城和宫城的主要建筑是中轴线上的前朝三大殿（奉天殿、华盖殿、谨身殿）和后廷二宫（乾清宫、坤宁宫）。北京故宫以明故宫为蓝本建造。

明故宫建于1366年，作为洪武、建文、永乐三朝的皇宫达54年。明初建文年间，奉天殿等宫殿在靖难之役中被焚毁。永乐十九年（1421）迁都北京后，南京明故宫渐趋冷落。此后数百年间，自然损坏严重。到了明末，连金銮宝殿都荡然无存。清军平定江南后，将明故宫改为八旗兵驻防城，并从太平门至通济门加筑城墙予以隔离，明故宫建筑遭到很大破坏。康熙首次南巡时，明故宫已是“宫阙无一存者”。清咸丰、同治年间，太平天国战争使明故宫又经受了一次较大破坏，除了地下埋藏的石构件基础外，只剩下一片残垣碎瓦的废墟。1929年，为了迎接孙中山先生灵柩安葬中山陵，新建中山东路和逸仙桥，明故宫遗址被中分为南北两部分，仅存午朝门与地下柱础等少量遗迹，现为全国重点文物保护单位。

第三节　朝天宫

朝天宫位于秦淮区朝天宫4号。朝天宫及所在的冶山，素有“金陵第一胜迹”之美誉，为江南地区规模最大、等级最高、保存最完整的一组官式古建筑群落。现存建筑为清同治五年（1866）重建，占地面积约4万平方米。春秋时期在今朝天宫后山已经出现了南京最早的城邑之一——“冶城”。

相传吴王夫差曾在此设冶铸剑，建立了具有相当规模的冶铸作坊，形成了原始城邑。后人遂称此山为“冶山”。南朝刘宋明帝泰始六年（470）在冶山建立了“总明观”，分设文、史、儒、道、阴阳五门学科，这是古代南方最早的社会科学研究机构。后来，道家学派渐与道教合流，在冶山上修建道观，冶山开始成为道教圣地。唐代在冶山建有太极宫。宋代名为天庆观。元代称为玄妙观，后改为“大元兴永寿宫”。

明洪武十七年（1384），明太祖朱元璋下诏改建，并赐名为“朝天宫”，取“朝拜上天”之意。明代的朝天宫既是皇室贵族焚香祈福的道场，同时也是文武百官演习朝拜天子礼仪的场所。明代的朝天宫是当时南京最大、最著名的道观，占地面积300多亩，有各种殿堂房庑数百间，建有神君殿、三清正殿、大通明宝殿、万岁正殿等。

明末，朝天宫部分建筑毁于战火。清代康熙、乾隆时期，朝天宫得到重修，规模甚大，“宫观犹盛，连房栉比”。康熙南巡时，曾为朝天宫题写匾额“欣然有得”。乾隆下江南时，曾五次登临游览朝天宫，每次都题诗寄兴。如今刻有五首乾隆亲笔题诗的石碑，立在朝天宫后山的御碑亭内。道光年间因朝天宫屡遭火灾，朝天宫大山门由朝正东改为偏向东南。清代将南京国子监改为江宁府学。同治年间，江宁府学迁于朝天宫，形成了中为文庙、东为府学、西为卞公祠的格局。

朝天宫为典型的明清殿宇式建筑。其建筑格局、样式、营造技术等是研究中国古代建筑尤其是明清建筑的重要实物资料，具有极高的历史、艺术和科学价值。朝天宫一直是南京的重要名胜。“金陵四十八景”中的“冶城西峙”即指朝天宫。朝天宫现为南京市博物馆所在地。

第四节　南京城墙

皇城外的圈城，即现存明城墙。南京城城墙总长度为35.267公里，现存21.351公里，为世界现存最长、规模最大的砖石城墙。城垣建筑打破了我国古代都城历来取方形的古制。南京明城墙建设依山随岗，整体呈蜿蜒曲折、非方非圆、多角不等边的宝葫芦形状。这不是规划者标新立异的创制，而是一切从务实利战出发思想的具体表现。

南京城墙的修建自元至正二十六年（1366）朱元璋改筑应天府城开始，到明洪武十九年（1386）建成。砌筑城墙的砖块是由江苏、安徽、江西、湖北、湖南等省的28府、118县、工部及三卫、三镇制造。为确保城砖质量，砖有铭文，侧面印刻所属州、府、县造砖人和监制官员的姓名及年月日。凡砖交缝处，皆浇灌夹浆（石灰、糯米汁或高粱汁，或再加桐油掺和而成）。全城共13个城门，现存明代城门还有聚宝门（中华门）、石城门（汉西门）、神策门（和平门）和清凉门，其中除神策门还保留有清朝时修建的城楼之外，其他城门的城楼都已无存。在城墙的外围，还建有外郭城，目的是进一步加强京师的防卫。南京城墙现为全国重点文物保护单位。

第五节　南唐二陵

南唐二陵位于牛首山南祖堂山下。李昪陵为南唐烈祖李昪与皇后宋氏的合葬墓“钦陵”，周围约170米，高出所在地面12米，当地人称之为太子墩。李璟陵在李昪陵的西面，稍偏北，为南唐中主李璟与皇后钟氏的合葬墓“顺陵”。

1950年至1951年，南京博物院和南京市文物保管委员会会同江宁县有关单位展开发掘南唐二陵工作，出土有陶俑、陶兽、陶禽以及铜铁、漆、木器和玉哀册等文物640余件。二陵为新中国成立后在江南地区最早发掘的帝王陵墓。二陵的发现，对于研究唐宋之际的建筑、绘画、雕刻、陶瓷、服饰，以及帝王陵寝制度等都有其独特的价值。南唐二陵现为全国重点文物保护单位。

第六节　明孝陵

明孝陵是我国古代占地面积最大的帝陵之一，今天30多平方公里的钟山风景区尽被其囊括。据康熙《江宁府志》载，围绕孝陵的红墙（外郭垣）长达22.5公里，是明初南京城垣33.4公里的三分之二。

明孝陵陵址是朱元璋和他的开国功臣刘基、徐达、汤和等人郊游钟山时共同选定的。一则这里景色奇美，“钟山龙蟠”，这是前人早有的定评。虽然它的主峰仅高448米，但气象极佳，绝美之处在于山色随天光的变化而变幻，美轮美奂，神秘莫测。二则风水极佳，洪武君臣既已把“龙首”之下的燕雀湖填筑新宫，作为呼应，选“龙身”作陵寝乃势可必然。而且陵址的地理东有龙山为“青龙象”，西有虎山为“白虎象”，南有南湖（燕雀湖的一部分）作“朱雀象”，北凭紫金三峰作“玄武象”。正对陵址的梅花山可作“近案”，远处江宁的方山正是“远朝”。这些风水地貌完全符合“华盖三台，尊极帝座”的择陵要求。前“朱雀”后“玄武”，左“青龙”，右“白虎”，有此四神拱卫镇护更是绝佳奇妙了。洪武十四年（1381），中军都督府佥事李新奉命“总督工程”，整个工程由工部负责营建，从1369年开始筹划至1413年明成祖朱棣营建大明孝陵神功圣德碑楼为止，工程前后延续44年，是名副其实的“跨世纪工程”。在空间布局上，建成后的明孝陵分为四个部分：（1）下马坊到大金门为导引区；（2）大金门和碑楼区；（3）神道石刻区；（4）陵宫主体建筑区。

明孝陵经过600多年的历史沧桑，许多建筑物的木结构部分已不存在，一些建筑物也被后人改动。所幸其设计理念、文化思想仍可通过现有建筑遗存得到展示，自然景观未受损坏。它的文化价值在于承继了汉、唐、宋帝陵制度的精华部分，讲究立陵风水，陵宫前设神道、置石象生、立勋臣等，但形势上决不拘泥于古制，而是在此基础上改进和创新，“前朝后寝”和前后三进院落的建制是首创，在陵寝前建方城明楼是首创，进深（从下马坊至宝顶）2.6公里的整体陵园建筑，设计和谐完美，不愧是一件天才的艺术杰作，它开创了明清帝陵的一代新制，在中国帝陵发展史中具有继往开来的价值和地位。

明孝陵遗址、遗迹

明孝陵今貌

第七节　鼓楼

鼓楼位于鼓楼区鼓楼公园内。明洪武十五年（1382），明太祖朱元璋定都南京兴修都城时建造。古代都会，城内都建有鼓楼、钟楼。钟楼用以报警，鼓楼用以报时，以天干地支十二时辰计时，闻鼓点即知时辰。此楼身兼报时和报警二职，故又称钟鼓楼。明成祖朱棣迁都北京后，南京鼓楼除了用来报时、祭天、迎宾外，地方官员还在此举行接诏仪式。

楼上原有大鼓二面、小鼓二十四面、云板一面、点钟一面、牙杖四根、壶房铜缸一座、三眼画角二十四板。清初，鼓楼倒塌，器物尽失，仅存砖石构筑的城台。

康熙二十三年（1684），康熙帝御驾南巡，登临鼓楼城台。后在城台上重建鼓楼，楼阁内有康熙二十四年（1685）两江总督王新命等人所立“圣谕”碑，并置“碑楼”门额。自立此碑后，鼓楼改称碑楼，但老百姓仍沿称其为鼓楼。因康熙帝曾登城台四望，故鼓楼重建后题名“畅观阁”。此后鼓楼仍多有修葺。

鼓楼坐落于小山上，下部城台以砖石砌筑，外涂红色。明构城台长44.81米，宽25.07米，高8.9米。南北向辟3个券洞门，可通行人马；东西两侧券门内侧各有2个藏兵洞；台内前壁两端各修砖梯40级，直达台顶。台顶2个梯口，各建1座小亭。上部清代重修的城楼建在城台中部，高耸于两亭之后。城楼为木构楼阁，规模比明代鼓楼要小得多。楼高14.5米，2层，面阔3间，长13.77米，进深10.67米，重檐歇山顶。四周置回廊，廊宽1.50米，有24根廊柱，柱外附有雕花梁托，梁枋透雕凤凰、麒麟、云鹤等图案。四面辟窗，可俯瞰南京城景色。

现在，楼内正中“圣谕”碑保存完好，通高5.33米，宽1.43米，厚0.38米。其中碑额高0.88米，浮雕云龙戏珠，正中篆刻“圣谕”二字。碑身高3.20米，四周浅刻云龙纹。正面碑文计22行，满行44个楷字，记载清康熙皇帝于康熙二十三年（1684）南巡时的盛况和对江南地方官的训谕。背面刻江南、江西总督王新命及巡抚汤斌、薛柱

鼓楼

斗等20名立碑官员的名衔。碑下为龟趺，长2.90米，高1.25米，昂首披发，鼻正齿齐，四足伏海涛上，形体完整，生动。楼外还保存着大鼓1面，城台上悬挂大钟1口，这些都是珍贵的历史文物。

1923年，南京鼓楼与周围一带辟作鼓楼公园。新中国成立后，曾对鼓楼做过维修，在其周围筑路竖亭，垒石堆山，引水为池，并广植树木花卉。

第八节　天堡城、地堡城

天堡城、地堡城遗址是辛亥革命光复南京的重要战场，亦称天保城、地保城，修建于太平天国时期。太平天国定都天京后，因富贵山“龙脖子”（后讹称“龙脖子”）段南京城垣外没有护城河，于城防不利，为加强对天京城东北面之防御，癸丑三年（1853）春在此段山之上、下修筑天堡城、地堡城。两城上下呼应，互为支持，对天京的防卫起着关键性作用。太平军曾驻守这两座城堡与清军长期对峙，取得两破江南大营的胜利。1911年11月江浙联军光复南京战役中，天堡城亦为交战双方争夺的要地。因联军镇军营长杨韵珂等牺牲于此，后一度改称天堡城为“韵珂城”。天堡城遗址位于紫金山西峰之巅紫金山天文台内，全部以巨石垒砌，异常坚固，西、南、北三面各开一城门，内堡有上下两层，可以居高临下，俯瞰全城，并控扼天京城东北通道。现紫金山天文台南侧尚存高约4米的部分残基，以及一条东西走向的长约100米、深约2米、宽约5米的壕

天堡城遗迹

沟。据此推算，当时城堡东西长约62米，南北宽约37米。1956年，列为江苏省文物保护单位。

地堡城遗址位于太平门外龙脖子附近，形势险要，规模较大，可以驻三四千人之众。其范围大抵南至城根大道，北沿孤凄埂南侧凹地，东依山麓，西临中湖。原有石垒3座，外围有3崖垒壕堑，主堡有一高台，安置3门重炮。今明代常遇春墓前尚有遗迹可寻。1992年，列为南京市文物保护单位。

第九节　民国建筑

中国传统民族形式的建筑多为木结构或砖木结构，大多数是单层，少数是双层，宫殿、庙宇多为重檐歇山顶，民居多为“人”字顶，表现为屋角上翘翻举，在装饰上则对滴水瓦当等细小部件饰以各种图案。晚清和民国时期，随着西方文化的传播，西方建筑技艺风格深深地影响了中国，建筑呈现出中西合璧的特点。

《首都计划》对南京建筑形式作了明确规定，提出“本诸欧美科学之原则”“吾国美术之优点”的原则，以“中国固有之形式为最宜”，宏观规划鉴于欧美，微观建筑形式采用中国传统建筑。城市布局“同心圆式四面平均开展，渐成圆形之势”，避免呈“狭长之形”，避免“一部过于繁荣，一部过于零乱”。《首都计划》规定中央政治区建筑当突出古代宫殿优点，商业建筑也要具备中国特色。其中最为根本的原因就是发扬本国传统文化。《首都计划》解释道："一国必有一国之文化，中国为世界最古国家之一，数千多年，皆以文化国家见称于世界。……国都为全国文化荟萃之区，不能不借此表现，一方以观外人之耳目，一方以策国民之兴奋也。"

南京作为中华民国的首都，其民国建筑不仅数量多，而且规格高，有独特的历史地位和价值。一是由中央政府统一建造的行政性建筑规模宏大，气势非凡，是南京所独有的。二是南京公共类建筑中科学、教育、文化、卫生、体育机构的建筑众多，这些建筑美观、坚固而又实用，这是同时期其他城市同类建筑所无法比拟的。三是南京达官贵人的官邸别墅星罗棋布，这些建筑一律西化，有仿美的，有仿法的，还有西班牙式的，千姿百态，宛如万国建筑博览馆。四是纪念性建筑，如被誉为"中国近代建筑史上的第一陵"的中山陵，国民革命军阵亡将士公墓纪念建筑群，航空烈士公墓，中山陵藏经楼等。南京民国建筑流派纷呈，风格各异，主要有西方折衷主义建筑、西方古典式建筑、中国传统宫殿式建筑、新民族形式建筑、西方现代派建筑等。南京民国建筑无论从现存面积、数量，还是从种类、特色和品位上来讲，在全国同时期建筑中都是无与伦比的。

一、行政办公类建筑

江苏咨议局　位于湖南路10号，是一幢仿西洋风格的建筑，建于1909年，在中国近代建筑史上占有重要地位。清光绪年间，全国仿效西方民主，纷纷发起立宪运动，各地相继修建咨议局，南通实业家张謇首任江苏咨议局议长。他委派孙支厦到日本考察，提出设计方案。孙受命考察后，吸取西方议会建筑特色，设计成法国古典形式的建筑。1911年，辛亥革命爆发，宣布起义的17个省的代表共45人于12月10日聚集于此，商讨组织临时中央政府。12月20日，推选孙中山为临时大总统，并宣布改国号为中华民国，确定1912年为中华民国元年。孙中山就任临时大总统后，其址改为临时政府参议院院址。临时政府在参议院通过了中国第一个体现资产阶级民主的《中华民国临时约法》。孙中山辞去临时大总统职务后，参议院又改为国民党中央党部办公地。现为江苏省军区、南京警备司令部所在地。大院现占地面积6300平方米，主要建筑仍为当年江苏省咨议局之遗存，为前后两进及东西厢房组成的四合院。前进通面阔十间73.6米，中间入口有突出的门厅，蒙莎式屋顶，中间耸起钟塔楼，室内进深10.5米，前后廊宽均2.9米；后进面阔十间57米，室内进深8米，前后廊宽亦2.9米。四合院中间原有大厅，1929年奉安大典时，孙中山遗体自北京迁来南京，曾停柩厅内举行公祭。该大厅在“文化大革命”期间被拆。1992年被国家建设部、国家文物局评为近代优秀建筑。2001年被列为全国重点文物保护单位。

总统府 位于长江路292号，坐北面南，原为清代两江总督衙署所在。1853年，太平天国定都南京后，改为天朝宫殿（天王府）。1864年清曾国荃部攻陷天京后，全组建筑悉遭火焚，仅存石舫、望亭等建筑物。现存建筑物大都是1865年以后陆续复建。1912年初，孙中山宣誓就任中华民国临时大总统，曾在此处西花园西侧一幢西式平房内设大总统办公处所。国民政府定都南京后，1928年择此处为国民政府办公所在地，后不断加以扩建。1948年5月20日，蒋介石在此当选中华民国总统，故俗称“总统府”。总统府现存建筑多为民国时期重建，总占地面积约12万平方米，现为南京中国近代史遗址博物馆办公地。共分3个区域，中区（中轴线）是国民政府（总统府）及所属机构所在地，主要建筑有大门、大堂、二堂、政务局大楼和总统府办公大楼等；东区有行政院旧址、马厩和东花园等；西区为孙中山临时大总统府原址，分办公室和起居室两部分。办公室在西花园西侧，是一幢坐北朝南、面阔七间的巴洛克风格西式平房。正中有凸出走廊的方形门厅，进厅是一条宽阔的走廊，当中一间是穿堂。穿堂西边为三开间的大会议室，宽13.15米，因孙中山在此宣誓就职，故又称“宣誓厅”。穿堂东边第一间为小会议室兼会客室，第二间是办公室，第三间办公室有大办公桌、书架、电话、呼役铃和文具等，壁上挂有孙中山手书“奋斗”横幅。起

总统府旧址

居室位于西花园东北，是一幢面阔三间的2层木结构小楼。楼下3间为警卫室，后改为孙中山眷属住房；楼上3间，西为盥洗室，中为餐厅，壁上悬挂孙中山手迹“博爱”条幅，东为卧室。1956年，孙中山临时大总统府原址列为江苏省文物保护单位。

国民政府国防部　位于太平门内黄埔路，为清代陆军学校遗址，占地面积261000平方米，其建筑大多数是黄埔军校1928年迁来南京时所建，计有西式平房62幢、西式楼房17幢。该处具有代表性的办公用房和会议活动场所有蒋介石憩庐、122号楼、一字楼、大礼堂4处。

国民政府教育部 位于成贤街43号。该处为一矩形庭院，正门朝东，为立柱式大门，砖石结构木垛，中门宽敞，两旁边门略窄。立面南北对称，中部门面由水刷石装饰，外墙由窗间柱自然分隔。柱间墙用耐火面砖镶贴。1949年以后，原教育部办公用房尚保留4幢西式楼房，30余间中式平房。1983年将青砖小瓦、砖木结构的中式平房全部拆除重建，西式旧楼依然保存。

二、使馆类建筑

英国驻中华民国大使馆 位于鼓楼区虎踞北路185号，建于1922年，由英国建筑师设计，是外国在南京最早建立的一座使馆。原建筑共有6幢2—3层的楼房组成。1949年以后，因拓宽马路和新建中日友好大厦拆除了原有4幢，现仅存1座使馆办公楼和1座公寓楼。

日本驻中华民国大使馆 位于鼓楼山坡西南角，北京西路1号和3号。现为南京武警支队和武警消防支队所在地。日本大使馆建于20世纪20年代，现仅存3号院内一幢点式楼。该楼原为日本外交人员寓所，砖混结构，高四层，受巴洛克风格的影响。

法国驻中华民国大使馆　位于高云岭56—1号，高楼门56号，金银街17号（原为10号），以及宁夏路4号（原为4—1号）等处。抗战前，法国在南京设有公使馆，馆址为高云岭56—1号。高二层，砖木结构，法式风格。抗战爆发后，被迫

法国驻中华民国大使馆旧址（吴小宝摄）

关闭。抗战胜利后，1946年1月，法国政府任命梅里霭为首任驻华特命全权大使，当月17日来华履任。先后租用南京高楼门56号、金银街17号以及宁夏路4号为大使馆馆舍。

美国驻中华民国大使馆　位于鼓楼区西康路33号院内后部西山坡上，建于1946年，由3幢造型一致、尺寸相同的西式楼和3幢西式平房组成。使馆楼房依山坡地势而建，并排而立，横轴位置相对略偏。正立面中部为门廊，四面坡屋顶，屋脊两侧及后部竖有采暖烟囱。房屋平面呈“凹”字形，底层正面和侧面为起居通廊，中部为客厅和办公室，后部为厨房、餐厅。卧室、盥洗间布置在楼上。

三、文教科研建筑

金陵大学建筑群　位于汉口路22号，其中具有代表性的是东大楼、北大楼、西大楼、东北大楼、图书馆、礼拜堂和学生宿舍等10余幢建筑。这些建筑在建筑风格上多采用中国传统宫殿式大屋顶，四合院布局。一律采用青砖墙面，歇山顶、上覆灰色筒瓦，建筑造型严谨对称；进深较大，窗户较小，体现中国北方宫殿式建筑的特征。建筑施工基本由中国陈明记营造厂承建，建筑材料除砖、瓦外，水泥、木材、玻璃等大多从国外进口。

金陵女子大学建筑群　位于宁海路122号。金陵女子大学1915年开学时设在南京绣花巷，此后校长德本康夫人筹划在宁海路随园一带建造新校园。随园金陵女子大学建筑群由美国建筑师亨利·墨菲规划设计，中国建筑师吕彦直设计，陈明记营造厂承建。1922年开工建设，到1923年校舍落成。建筑造型采用中国传统宫殿式建筑风格，建筑材料和结构采用西方钢筋混凝土结构，建筑物之间以中国古典式外廊相连接，为中西合璧的东方建筑群，被称为“东方最美丽的校园”。

四、公共性建筑

中央医院　位于中山东路303号。建于1929年，现存代表性建筑为一座4层医院主楼，筹建于1930年1月，杨廷宝设计，1933年主楼竣工。主楼采用钢筋混凝土梁、柱、楼板、砖承重外墙、平屋顶。建筑力求用西方建筑构造融以中国民族格调的装饰，成功地体现了早期近代建筑的特征，在当时被称为“现代式的中国建筑”。1949年后，中央医院改为南京军区总医院。

南京中国银行 位于白下路23号。该建筑为钢筋混凝土结构，1933年建成。建筑外部墙面采用淡黄泰山面砖，彩色水泥嵌缝，勒脚及柱础用苏州磨光花岗岩饰面，屋顶为青瓦屋面，屋脊采用人造脊饰漆金色，门楣为古铜制金字标牌，门沿采用镀古铜色金字短栅，立面简朴、素雅。房内采用西方现代豪华装饰，门厅及大厅均采用彩色水磨石地面，花纹奇特，做工精细。

中央商场 位于新街口、中山南路东侧商业闹市区。建于1935年，是南京最早、规模最大的商场。1934年冬，由国民党中央委员张静江、曾养甫等32人发起筹建。中央商场初期工程在1935年底告竣，1936年1月开张营业。新建商户铺户计160余间，全国有90多家厂商分别在商场内租赁铺面，设立商号，经营各类商品。还开设了茶座、酒吧间、跳舞厅。1937年抗日战争期间，商场被日军烧毁，曾作为日军的养马场；1940年10月商场经修缮重新开业。抗日战争胜利后，原商场股东收回产权，开始对商场进行扩建。中华人民共和国成立后，商场完好地保存下来，并经过多次修缮和改造。“文化大革命”期间，中央商场曾改名“人民商场”，1990年又恢复原名。

大华大戏院　位于中山南路67号，建于1935年。戏院坐东面西，门面迎街，是一座中西合璧式的建筑。戏院建筑为钢筋混凝土框架结构，局部采用砖墙承重，建筑面积4000平方米，观众厅

大华大戏院旧址（吴小宝摄）

上部是型钢屋架，轻质屋面，整个建筑装有冷暖空调设备，是当时南京标准最高、规模最大的一家戏院。

国立美术馆 位于长江路266号，建于1935年，今为江苏美术馆。国立美术馆由曾经留学德国的公利工程司建筑师奚福泉设计，陆根记营造厂承建，李宗侃建筑师负责监造。美术馆建筑平面呈“凸”字形，钢筋混凝土结构，主体4层，左右对称，建筑迎面为宽阔的庭院，周围设置半铁栅围墙，围墙大门迎向长江路。建筑形体及材料

国立美术陈列馆旧址（吴小宝摄）

运用，按照西方现代手法处理。而在立面檐口、雨棚等细部的仿额花纹装饰又体现了中国古典风格，为南京早期西方现代建筑与中国传统风格交融一体的典型实例，是新民族形式建筑的代表作之一。1949年6月至1950年9月间，这里曾作为南京市人民法院院址。1956年6月在国立美术陈列馆旧址建立江苏省美术陈列馆，为新中国第一座省级美术馆。

中央博物院 原国立中央博物院旧址位于中山东路312号，现为南京博物院。1933年4月，在国民党元老、著名学者蔡元培的倡议下，国民政府教育部设立中央博物院筹备处，办公地点设在北极阁中央研究院。历史学家傅斯年为筹备主任。博物院拟设自然、人文、工艺三馆，延请翁文灏、李济、周仁分别为三馆的主任。1934年7月，傅斯年因中央研究院本职事务太忙而离职，教育部改聘李济继任。李济上任后，着手进行博物院主体建筑的兴建，成立“中央博物院建筑委员会”，委员长为翁文灏，委员有张道藩、傅汝霖、傅斯年、丁文江、李书华、梁思成、雷震、李济。建筑工程分三期进行，第一期包括行政办公楼和人文馆等，人文馆暂由三馆共用。李宗侃、李锦沛、徐敬直、杨廷宝等13位建筑师参与了建筑设计工作。

中央博物院的建筑设计思想是体现中国早期的建筑风格，以弘扬中华民族传统文化精神，同时区别于中山东路上其他几幢大屋顶的仿古建筑。博物院建筑委员会经过研究，决定采用辽代的式样来建造博物院。在梁思成、刘敦桢两位顾问的指导下，徐敬直和李惠伯二人重新设计了建筑图案。总体布局强调深层次的对称轴线，大殿前建有宽大的三层平台，这样的设计可以衬托出主体建筑的雄伟高大。大殿仿辽代蓟县独乐寺山门形式，其结构多按《营造法式》设计，兼采唐宋遗存。大殿为七开间，屋面为四面坡的四阿式，上铺棕黄色琉璃瓦。陈列室效仿美国某博物馆，做成平屋顶，外墙加中国古典式挑檐，使之与大殿风格协调，受到建筑界和社会各界人士的好评。1948年4月，第一期工程及附属工程竣工，并通过验收。中央博物院建筑气势宏大，平面开

原国立中央博物院旧址（吴小宝摄）

阔，是我国第一座用中国古典建筑手法设计的现代功能的博物馆建筑。

1950年3月，中央博物院筹备处被正式命名为南京博物院。20世纪50年代初，人民政府又拨款对博物院的建筑进行了整修、增建。至此，博物院的第一期建筑工程才算最后完成。博物院的主体建筑体现了设计图案的精神和要求，屋檐两边呈弧形渐渐向上翘去，形象古朴庄重，气势雄伟高大。南京博物院现有藏品约42万件，仅次于北京故宫博物院。

国立中央图书馆 国立中央图书馆旧址位于玄武区成贤街66号。国立中央图书馆筹建于1933年4月21日，隶属于国民政府教育部。当时在南京四牌楼沙塘园建立筹备处，蒋复璁任筹备处主任。后来购买了中央研究院成贤街的房屋，筹备处便搬入成贤街办公。首批入藏的是教育部北平办事处图书，共计4.6万册。1937年抗战爆发前，有藏书40万册。抗战期间迁往重庆，1940年8月中央图书馆在重庆正式开馆，蒋复璁任馆长。1946年5月迁回南京，接收汉奸陈群“泽存书库”中藏书约40万册，另接收南京、上海日伪其他图书馆的藏书约60万册，随即开放成贤街阅览室，不久，又在颐和路2号（原231号）设立北城阅览处。1948年12月至1949年1月，国民政府教育部下令中央图书馆利用兵舰，将馆藏的善本古籍12万余册、金石拓片5600余片、书画11箱等珍贵资料运往台湾。1950年2月27日，国立中央图书馆正式更名为国立南京图书馆；不久，又更名为南京图书馆。

国立中央图书馆大楼建于1947年至1948年

国立中央图书馆旧址（吴小宝摄）

间，由著名建筑学家刘敦桢设计，大楼高三层，钢筋混凝土结构，坡屋顶，平瓦屋面，简朴实用，一楼原为办公室，二、三楼原为阅览室。这幢大楼保存良好，现为南京图书馆办公楼。

第三章　古刹梵音——佛教文化遗产

南京是一座以宗教文化影响中国的重要城市。南京是古代中国江南地区最早传播佛教文化之地，也是近代中国佛教文化的传播、研究中心。南京不仅是以弘扬佛教文化而隆盛于中国，在东方乃至世界佛教史上亦留下了深深的印记。

南京拥有1780多年的佛教文化发展史，历史上它既是古代中国出现佛教活动的最早城市之一，也是近代中国佛教文化的传播、研究中心。中国佛教史上许多宗派的创立均与南京有关，三论宗、牛头宗、法眼宗均创建于南京。律学大师僧祐在南京撰写的《出三藏记集》（又名《祐录》）是中国现存最早的佛教文献目录。明代的《大藏经》就收藏在大报恩寺。清代时，杨仁山在南京设立金陵刻经处，这不仅是全国性的佛经刻印中心，而且也成为佛学和维新思想的孕育地。考古发现的长干寺地宫瘗藏的圣物佛顶真骨舍利，形成南京独特的以佛教为主的宗教文化景观。虽然从数量上来看，南京的宗教类文化资源并不占优势地位，但从文化资源的价值来看，南京供奉佛舍利历史悠久，是中国历史上瘗藏圣物最早、最多的城市。

南京佛教文化底蕴丰厚，佛教文化遗存众多。迄今为止，南京共有各个时代佛教文化遗存百处以上，其中列入市级以上文物保护单位的有39处，拥有对外开放的佛教活动场所64个。如明朝的大报恩寺，是当时全国规模最大、等级最高的皇家寺院。杨仁山在南京设立的金陵刻经处，不仅是全国性的佛经刻印中心，而且也成为佛学和维新思想的孕育地。栖霞寺是中国佛教三论宗的祖庭之一；毗卢寺是中国佛教会、中国佛学研究会的主要活动地点，曾是民国时期全国佛教事业管理和联络的枢纽。有着丰富地下文化宝藏的南京不仅是世界驰名的历史文化名城，历史上也是一座佛教文化名城。同时，南京的其他宗教如道教、伊斯兰教、基督教等也留下了重要的文化遗产。

第一节　大报恩寺遗址

大报恩寺遗址位于南京城南古长干里，即今中华门外的雨花路东侧。该寺原址有建于吴赤乌三年（240）的长干寺及阿育王塔，史称长干寺为“江南佛寺之始”，后代多有兴废。永乐十年（1412），明成祖朱棣为报答其父母的“罔极之恩”，敕工部于原址重建，“依大内图武，造九级五色琉璃塔，曰第一塔，寺曰大报恩寺”。位于大殿后的大报恩寺琉璃塔建造于永乐十年，宣德三年（1428）竣工，九层八面，高达78.2米，甚至在数十里外长江上也可望见。1854 年，清军攻克雨花台后，太平军为防清军占据大报恩寺对城内造成威胁，遂“用火药轰之，复挖空塔座下基地，数日塔倒，寺遭焚毁”。仅存一青铜色塔刹（1930年代后失踪）和8米高的石碑。

2008年7月17日，南京文物部门在原址考古时发现石函，石函北壁石板为《金陵长干寺真身塔藏舍利石函记》碑铭。石函顶部盖板吊运出地宫后，露出了内部安置的铁函。2008年8月6日，千年铁函正式开启。旷世珍宝“七宝阿育王塔”崭露真容。长干寺地宫是“目前我国发现的最深的地宫”，出土的铁函也是“中国目前发现的最大的瘗藏舍利的铁函”。铁函中七宝阿育王塔是“国内目前发现的最大的实物阿育王塔，其高度和底宽都在雷峰塔出土的阿育王塔的三倍以上，其文物和佛教艺术价值无可估量”。

大报恩寺（1843 年英国托马斯·阿罗姆绘制）

七宝阿育王塔

明朝的大报恩寺是当时全国规模最大、等级最高的皇家寺院。被明成祖赐名为“第一塔”的大报恩寺琉璃塔，被称为中国瓷塔，与古罗马大斗兽场、古亚历山大地下陵墓、意大利比萨斜塔等并称为中世纪世界七大奇观，尤其在此先后发现的玄奘大师和释迦牟尼佛顶骨舍利，对中国乃至世界佛教史都产生了不同寻常的影响。1942年玄奘大师顶骨舍利和2008年佛顶骨舍利这两大“国宝”在南京大报恩寺的现身，再一次向世人表明：有着丰富地下文化宝藏的南京不仅是世界驰名的历史文化名城，同时也是一座江南的佛教名城。

第二节　栖霞寺

栖霞寺始建于南齐永明七年（489），距今已有1500余年的历史，是中国佛教“三论宗”的发祥地。寺院位于南京市东北的栖霞山上，1983年，被国务院确定为汉族地区佛教全国重点寺院。

栖霞寺历史上几易其名，最初称“栖霞精舍”，唐时改名“功德寺”，五代十国时改为“妙因寺”，宋代又改名为“普云寺”“栖霞寺”“崇报寺”“虎穴寺”。明洪武五年（1372）复称“栖霞寺”。清朝末年，太平天国

栖霞寺（吴小宝摄）

与清兵作战时，栖霞寺毁于战火。1919年重建，1979年修复一新，作为佛教活动场所对外开放。

寺外右侧是舍利塔，体量虽不大，但造型端庄雄伟，比例适度匀称，加之全塔上下精雕细镂，工艺精湛，是研究古代佛教、艺术、文化的珍贵实物。1988年被列为全国重点文物保护单位。在舍利塔后边的山岩中，还有一组南朝时期开凿的石窟，内凿佛像500余尊，称千佛崖，是南京地区唯一的一处六朝佛教石刻遗存。

第三节　鸡鸣寺

鸡鸣寺，又称“古鸡鸣寺”，位于鸡笼山东麓，是南京最古老的梵刹之一。南朝梁普通八年（527），在鸡笼山创建寺院。寺与台城（梁宫城）隔路相对，名“同泰寺”。“侯景之乱”后同泰寺毁于战火。

明洪武二十年（1387），明太祖朱元璋在完成明孝陵工程后，又命崇山侯李新督工，在同泰寺故址上重建寺院，亲自题额为“鸡鸣寺”。据传皇后马娘娘及各大臣眷属也常来鸡鸣寺敬香，并为此特开启了一条进香河，直至山门，鸡鸣寺由此名声大振，四方威名。

新中国成立以后，人民政府对鸡鸣寺进行了保护和维修。1958 年改为尼众道场。“文化大革命”期间，鸡鸣寺遭到严重破坏。1979 年政府为了保护名胜古迹，重建古鸡鸣寺。

第四节　灵谷寺

灵谷寺位于南京东郊紫金山南麓下的灵谷寺西南方。灵谷寺是明初金陵的著名大刹，无梁殿是其仅存的一座明代建筑。

灵谷寺于洪武十四年（1381）饬改今地。关于灵谷寺无梁殿的记载，最早见于明嘉靖年间的《游灵谷寺记》，因而可以确信无梁殿在嘉靖时已经存在。无梁殿中原供奉无量寿佛，因此被称为无量殿。又因为整座建筑全部用砖石拱券，不施寸木，也无梁椽。走进殿内，仿佛进入前后回旋的涵洞；外部却是飞檐挑角，恰似巍峨的宫殿，故又称无梁殿。

据记载，无梁殿在明正统年间，殿内供有大量佛经，中间供释迦牟尼及文殊、普贤三大佛，两边塑有二十四诸天王像，并被用于藏经。清朝嘉庆和道光年间曾经多次修葺；咸丰年间，灵谷寺一带是清军江南大营，寺内建筑大多毁于清军与太平军的战火，仅这座砖结构的无梁殿幸存。1928年，国民政府在灵谷寺原址上兴建国民革命军阵亡将士公墓。1931年，无梁殿经过彻底修葺被改造为公墓祭堂，名为“正气堂”。无梁殿南面设有公墓的大门和牌坊，北面依次设墓园、纪念馆（松风阁）和纪念塔（灵谷塔）。1981年，南京市人民政府对无梁殿又一次进行了整修。

灵谷寺无梁殿（吴小宝摄）

无梁殿前建有宽大的月台，殿后有平坦的甬道。建筑本身方位为南偏东45度。面阔五间，东西长53.80米，进深三间，南北宽37. 85米。屋顶作重檐歇山顶式样，铺设灰色琉璃瓦，高22米。无梁殿采用砖砌拱券结构，沿纵轴方向并列三座筒券，因此在平面上形成由前、中、后三槽的组合形体。位于中槽上的筒券宽度达11.25米、高14米。而前、后槽处的筒券，则各宽5.0米、高7.40米。就此种平面与断面的组合形状而言，显然是模仿了木构建筑通常采用的格局手法。现重檐歇山屋顶所盖之瓦件，显系后代修补，其正脊中部置白色喇嘛塔三座，中央一塔，塔座中空，作八角形，与殿内藻井顶部相通，可向殿内漏光，在我国现存古建筑中尚属首见。

第五节　毗卢寺

毗卢寺位于南京市汉府街4号，始建于明嘉靖年间（1522—1566）。因寺中供奉毗卢遮那佛，故初名“毗卢庵”。清乾隆皇帝首次下江南时曾下榻毗卢庵。清光绪十年（1884），曾国荃任两江总督，招海峰至南京择地造寺，经与量宏商量，在原毗卢庵址建寺。民国时期，毗卢寺为南京名刹之一。“文革”时期，寺庙被占用。1998年，恢复正常宗教活动。2004年，建成万佛楼。

第六节　定林寺

定林寺位于江宁区方山。定林寺原在钟山，其地名蒋陵里。据《景定建康志》记载：“定林寺有二。旧在蒋山应潮井，宋元嘉十六年（439）禅僧竺法秀造。南宋乾道九年（1173）寺废，僧善鉴请其额，于方山重建定林寺，在蒋山宝公塔西北。”同时建定林寺塔。《方山上定林寺记》记载：“当乾道末年，有秦高僧善鉴始来是山，结庐行道。”现寺毁塔存。

定林寺塔塔高约14.50米，为八角七层仿木结构楼阁式砖塔。底层较高，边长1.46米，直径3.45米。底层和二层内部为方形，三层以上则为圆筒形。在第五层设木架以承刹杆。底层仅南面开门，中央有石雕须弥座，东、西、北三面有佛龛。其他各层均四面开门。塔身用砖砌成仿木结构的柱枋、斗拱。因年久失修，腰檐、塔顶及塔刹已毁，塔身向北倾斜。2003年对定林寺塔进行了纠偏加固工程，成功纠偏，现塔身保持稳定。2008年12月对载体进行了修缮。

定林寺塔（吴小宝摄）

第七节　弘觉寺

弘觉寺塔位于江宁区牛首山东峰的西南坡，海拔高约180米。弘觉寺原名佛窟寺，明正统年间赐额为弘觉寺。关于弘觉寺塔，据宋《景定建康志》卷四十六记载：“唐大历九年（774），代宗因感梦，敕修寺之东西峰顶七层浮图。”以后的历代记载，如明《金陵梵刹志》卷三十三和清《同治上江两县志》卷三均沿用此说，现存弘觉寺塔系明初重建。

弘觉寺塔为砖木结构，外八角，内四方，用隔层错角的砖筒式塔体，构筑在岩石地基之上。该塔设计参照了官式建筑做法。塔高自地面至塔刹约45米，由基座、塔身、塔刹三部分构成。塔座之中设有地宫，以砖砌成，上圆下方，口径0.47米，深1.06米，底部为0.84米见方，上覆圆形石盖。地宫内藏有高0.35米的鎏金喇嘛塔一座，塔的下部为四边雕刻花纹的须弥座，高0.16米，座正面雕二力士像，右刻双狮戏球，左刻双鹿斗角，后刻云龙，塔底刻有“金陵牛首山弘觉禅寺永充供养”和“佛弟子御用监太监李福善奉施”题记。塔身部分有四个壶门，内有释迦、韦陀像等，塔顶置宝珠。同时出土的还有佛象、玉瓶等文物。

塔底层有红花岗石砌成的须弥座，高0.77米，四面有宽0.8米的踏步以供上下，周围是2.18米宽的回廊（副阶）。二至七层设有平座，出跳约0.6米，铺以红色花岗石块。腰檐下及平座下均施以斗拱。塔身系用青砖砌筑，采用多种规格的砖加石灰砌成。内层有木楼板，下施斗拱，规格同室外檐下斗拱。塔身的转角处有砖倚柱，由特制的子母砖固定于墙体之中，既能护角，兼能装饰。每层设有八扇拱门，为壶门形式，四实四虚，隔层错开，以避免塔身纵裂。拱门表面贴以面砖，磨砖对缝，门两侧各有一灯龛，由二层至七层，共计灯龛96个。

塔顶有砖砌的复盆，内部为砖叠涩砌出，塔心木固定在六层的横梁上，上部穿出屋顶，形成塔刹。现塔心木已毁，但塔顶洞眼仍在。顶部屋面的瓦垄仍很清楚。从木结构的受损来看，弘觉寺塔似乎遭受雷击，大火从塔顶烧到底层，塔内的各层楼板、塔心木，塔外围的平座栏杆、腰檐、内外斗拱，底层附近所有木结构部分都不存在，砖石结构保存尚完整。

牛首山摩崖石刻位于牛首山东峰舍身崖前，距弘觉寺塔约百米。摩崖石刻群呈“几”字形，三面岩石，前面是一块平地。石刻包括佛像和题刻，分别雕刻在5座佛龛内，每个龛内的佛像数目并不等，最多的有75尊，最少的仅1尊，共计为129尊。石壁正中佛龛里，雕有一尊释迦牟尼佛，高1.78米，结跏趺坐，施禅定印，下为高0.39米的覆莲须弥座。雕刻较为粗糙。龛外左右两壁上刻有敕赐及弘觉禅寺所属寺院占地范围的文字，中间部分已毁，尚留文字模糊不清，仅能看出“牛首山，敕建弘觉禅寺于永乐年间……到安德乡□人李行深□□间十二……坐于牛首山……间本寺山西至桃花涧本山……至桃花涧□山北寺……西到安德乡三图人蒋桢……八亩坐落牛首山……”等字样。释迦牟尼佛龛东西两侧约3米处各有一佛龛，东龛上下9层共75尊佛像，上层有盘膝打坐僧人形象，下层为环立武僧，多数已经损毁。西龛同样雕刻在“几”字形的侧壁上，其内容风格与东龛相同。在西龛的下部相距约40厘米处，另有一小龛，内凿高0.45米的弥勒佛1尊，雕凿技术较高。石壁右侧刻有“大明成化元年岁次乙酉五月五日□□，真定成造弥勒像一尊，永远供养”的题记。佛龛两侧尚有4处梵文，其东壁南侧的岩石上镌刻一行梵文，宽1.6米，另有《题感应泉诗》一首，为明代早期所刻。

从地方记载及佛像旁文字石刻来看，牛首山摩崖石刻为明代早期作品，距今已有500余年。佛像排列整齐，形态神情各异，具有较高的镌刻技术，为后人研究佛教和石刻艺术提供了可贵实物资料。

第八节　净觉寺

净觉寺位于秦淮区三山街升州路28号，是南京市现存历史最早的清真寺。据《南京敕建净觉礼拜二寺碑记》，净觉寺始建于明洪武二十一年

（1388）。民国《首都志》也可佐证："佛教之外最盛者推回教。明洪武二十一年建净觉寺于三山街，以居西域归附之人，为南京有回教之始。"①

净觉寺在明宣德初年被焚毁，宣德五年（1430）七月宣宗敕郑和重建三山街礼拜寺。"净觉"之名，明世宗赐予，从此称为净觉寺。至咸丰年间（1851—1861）毁损严重，现存者系"光绪丁丑三年（1877）桂月重建"。风格、装饰仍保持原貌，只是规模不及当年。

现在的净觉寺大殿坐西朝东，临街山门从南入。进入寺门，迎面所见四柱三间三牌楼式样门楼，为明初敕建时砖雕石牌坊，今存者为1985年按原样修复。寺内有望月楼、南北讲堂、大厅、无像宝殿等建筑。寺基呈长方形，前后共有院落两进。最前面是楼厅三间，厅后有廊，与无像宝殿相通。望月楼为二层楼阁式，稍往后两侧有南

① 王焕镳编纂：《首都志》卷十四，上海：上海书店出版社，1935 年，第 1200 页。

净觉寺（吴小宝摄）

北讲堂各三间。后进是正厅，呈正方形，曾为礼拜殿，后在后面新建大殿，此处作为厅堂。位于最后的大殿即无像宝殿，为全寺最重要建筑，建于光绪年间（1875—1908），为“大木屋式建筑”。

第九节　达摩遗存

在众多佛教人物中，达摩无疑是最具有神秘色彩的，他一苇渡江、面壁五年、创立禅宗，成为佛教文化中神话般的人物。南京现在保留的与达摩相关的遗迹，就有多处。

达摩古洞　相传达摩受怠慢后北上途中曾在此休息，位于山腰之间，陡崖之上，岩洞深邃，曲径缭绕，可俯瞰长江。洞壁上有两石碑遗痕，碑已挖走，还有“达摩古洞”四字。

崇福禅寺　简称长芦寺，地处南京市六合区长芦镇，始建于南朝梁武帝萧衍普通年间（520—526），和隔江的栖霞寺遥遥相对。该寺构造宏伟，规模庞大，有“跑马出山门”之说，是六合最大的古刹，也是南朝时期著名的佛教寺院之一。

定山寺　位于今浦口区大顶山狮子峰下一箕形山坳里，背山面江，远望如群山之大门。定山寺系南北朝时崇尚佛教的梁武帝在原六合山下为一位云游四海，见识广博，“戒行精严，锡周南北”的高僧法定而建，敕名“定山寺”。

第四章　文教昌明——科教文化遗产

南京素以人文荟萃、科技发达而著称。回溯南京千百年的发展历史，科技、教育在城市发展中发挥了巨大的推动作用，使南京成为中国科教名城。分析历史上的科教文化积淀，能充分感受到古代南京是华夏民族的科技创新发源地之一；近代（民国）时期，南京更是成了全国的科教中心城市；当代（新中国成立之后）南京依然是全国科技实力雄厚、科技创新和辐射力强大的中心城市之一。高校研究机构之多，人才资源之众，科研成果之丰，均列全国同类城市前列。从现存科教文化遗产来看，南京有科教文化资源全国重点文物单位11个，仅次于北京（15个）。

第一节　科技遗产

在古代，南京是华夏民族科技创新的发源地。从南京建城到民国这段数千年的发展历史进程中，南京的科技创新成果是推动华夏文明进程的重要动力。距今5000年前至距今3000年前，即史前时期至商代晚期和西周前期，为“湖熟文化”时期。这一时期已掌握冶铜技术，制造和使用铜器。春秋时代，已用青铜锸和青铜犁头进行农业生产。吴王夫差曾在朝天宫设立冶炼作坊，铸造宝剑。当时的青铜剑表面都有含铬或其他元素的氧化层，能防腐蚀。战国时青铜器铸造已开始采用“金银错”工艺。东周时不仅广泛应用青铜器，还开始有了铁器。六合程桥两座东周古墓出土的铁丸、铁条，是目前中国发现的最早的生铁，证实当地的生铁冶铸约比欧洲早1900年。从秦汉之际的铜洗、铜壶、铁刀、铁犁头来看，冶炼技术达到了较高水平，铜铁器在南京地区已得到普遍应用。南京博物院收藏的东汉时的“天文尺”，当时叫“圭表尺”，是本市最早使用的

“天文尺”，也是中国目前发现的最早用于天文观测的仪器。

一、六朝科技

六朝时期，南京在数学、医药、化学、造船等方面的成就处于世界领先水平。六朝出现了祖冲之、虞喜、何承天、葛洪、陶弘景等杰出的科学家。刘宋时期，太史令钱乐之奉文帝之诏，重新铸造浑天仪。钱乐之造的浑天仪是一个空心

浑天仪

大球，以水力驱动。人可以站在浑天仪之内观测天象，能够更直观形象地把握日月星象的运行。与张衡的浑天仪相比，这种“地在天内”的浑天仪是一个创造性的进步。所以，研究中国古代科学技术史的学者称这种浑天仪是近代天文馆中天象仪的始祖。六朝时期，南京的医药成就冠于全国，在药性、制药、制丸、制散、制膏、制丹、单方、验方等方面有多种著作，有些印度医药方书也被翻译过来。葛洪和陶弘景是当时最著名的医家。

二、明代科技

明朝时期南京古代科技发展达到高峰，在天文、造船、航海、印刷、建筑等方面有突出成就。明初，郑和以南京为基地七下西洋，其船舶制造、航海技术在世界上首屈一指。郑和下西洋是明代造船技术与能力发展到鼎盛时期的结晶。郑和下西洋将指南针导航、天文导航、陆标导航等导航手段结合起来，从而使航海技术向前大大发展了一步。郑和船队的航海家根据长期航海经验，并结合天文、气象、地理知识，绘制了航海图——《郑和航海图》和四幅《过洋牵星图》。《郑和航海图》1425年编成，是中国地图学史上最早的海图。它在我国海运史上具有划时代的意义，对后世的印度洋、太平洋航行影响很大，著名的英国学者李约瑟称其为“一幅真正的航海图”。

明代是中西历法过渡时期，在历法沿革史上占有重要地位。明代在天文学方面的主要成就是设立国家天文台和编制历法。洪武十八年（1385），明政府在南京鸡笼山原有“观象台”

古天文仪器（吴小宝摄）

的基础上建立了国家天文台，由钦天监管理。它是我国当时设备比较完善的一座天文台，比世界闻名的英国格林尼治天文台要早290年。利玛窦在南京曾造访了皇家钦天监，第一次目睹了中国国家天文台精美的天文仪器。他在札记中说那里的天文仪器“其规模和设计的精美远远超过曾在欧洲看到的和知道的任何这类东西”。现陈列在南京紫金山天文台的三件明制天文仪器是目前世界上少有的大型传世天文文物。这三件明制天文仪器是浑仪（亦称浑天仪）、简仪和圭表，均系明正统四年（1439）所造。

明末，一些西方天文仪器以及中西结合的天文仪器纷纷出现。如利玛窦所制地球仪，绘制了地球表面海洋和陆地的分布情况，把“地圆说”概念传入中国。崇祯七年（1633）徐光启在传教士所带望远镜的基础上，自制了我国第一架天文望远镜，名为“窥筒”，用以观测日、月食情况。

三、近代科技

近代以来，南京科技发展成就突出。中国第

一台蒸汽机由徐寿（1818—1884）在南京制造。他于1865年在南京制成了中国第一艘单缸高压蒸汽机轮船“黄鹄”号，并创立翻译馆，共翻译介绍西方科技书籍17部，专论9篇，287万多字。1914年金陵大学美籍教授芮思娄育成了“金大26号”小麦，是我国最早运用科学育种技术培育的小麦良种。民国时期，南京成为当时的科研中心。南京拥有数十所高校和科研院所，还有中国科学社等影响较大的民间科研团体。中国科学社通过带动各专门学会及中央研究院的成立，使中国初步实现了科技体制化。中国科学技术开始和

中央研究院总办事处

世界科学技术的发展更为系统地融合在一起。1928年中央研究院的成立，标志着中国第一次有了自己的国家级科学机构。中央研究院荟萃了我国科技界一批最优秀的科学家，开创了中国科技发展的新时代。一时知名学者云集南京，科学研究硕果累累，某些学科如地质学、气象学、物理学等取得了具有当时国际先进水平的科研成果。

紫金山天文台

在气象、天文方面，先后建成了南京北极阁气象台、南京紫金山天文台和昆明凤凰山天文台，这些都是当时亚洲最著名的气象、天文台之一。紫金山天文台由于设备精良，人才荟萃，被当时的世界天文学界誉为“远东第一台”。

四、当代科技

新中国成立后，南京市委市政府积极推进科技发展，充分发挥南京科技实力雄厚的优势，取得了显著的效果，研制出许多种技术水平较高

跃进 CN—130 汽车（1958）

南京长江大桥

的产品，诞生好多项全国第一：如第一台全国产化收音机，第一只日光色荧光灯，第一部军用雷达，第一部短波电台，第一只微波电子管，第一台全自动车床等。1952年5月，南京电照厂工程师吴祖恺等用自己研制的多种型料荧光粉，造出了国内第一只荧光灯。1958年，南京汽车制造厂在全国11个省市200多家企业的协作下，试制成功了CN130型2.5吨载货汽车，被中华人民共和国第一机械工业部命名为跃进牌NJ130型汽车。1960年开工建设的南京长江大桥，通过科研、设计、施工三结合，解决了一系列科技难题，于1968年10月建成通车，成为当时中国已建成的最大桥梁。南京长江大桥达到了世界先进水平，获国家技术进步特等奖。

第二节　文教遗产

南京教育源远流长，文教资源昌明丰赡，深厚的文化底蕴造就了南京教育的恢宏气象。在南京教育发展的历程中，教学教材、教学模式、教学体系、教育理念不断推陈出新。这些创新不仅仅是南京城市经济社会发展的产物，也反过来推动了南京城市的进一步发展。

一、江南贡院

南京自古以来崇文重教。南宋时期，南京设立江南贡院，是县、府学考试场所。朱元璋定都南京后，乡试、会试都集中在南京举行。明成祖1421年迁都北京，但南京仍为陪都，而江南又是人文荟萃之地，科举考试仍在此按期举行。明清两代对贡院均有扩建，到清光绪年间，贡院占地达数万平方米。其规模之庞大，为当时全国23个行省贡院之最。

至同治年间，已建供考试用的“号舍”20644间，还不包括司考官员办公住宿用房在内。在清一代，科考共举行112科，其中在江南贡院乡试中举后经殿试考中状元者，占全国状元总数的51.78%。清光绪年间，科举制度废止，江南贡院停止开科取士。1919年，贡院被拆除，除留下贡院

江南贡院（吴小宝摄）

国子监牌坊

内的明远楼、衡鉴堂和一部分号舍作为历史文物外，余下部分全部拆除，辟为市场。明朝时期行使双京制，在南京和北京分别都设有国子监。国子监是中国古代隋朝以后的中央官学，为中国古代教育体系中的最高学府。设在南京的国子监被称为“南监”或“南雍”。南京国子监始建于东吴永安元年（258），规模宏大，延袤十里，盛况空前。当时邻邦高丽、日本、琉球、暹罗等国“向慕文教”，不断派留学生到南京国子监学习。

二、教会学校

近代以降，在“中体西用”“师夷长技以制夷”等主流教育观念的引领下，南京的教育制度和教育内容、形式等方面都有了重要的突破。南京在“废科举、兴学堂”的历史潮流中，得风气之先，采西学、制洋器、图富强成为一些书院的办学宗旨。值得注意的是，当时教会办学开始成为不可忽视的力量，培养了很多新式知识分子，客观上推动了教育的进步。南京的教会学校

明德书院

汇文书院

金陵大学礼堂

金陵女子大学旧址

走在全国前列。在教会兴办的诸多学校中，历史悠久、比较有名的有汇文女子中学、明德女子书院、汇文书院、金陵大学、金陵女子大学、基督中学、金陵神学院等。

三、晚清新式学校

洋务教育兴起后，南京有派员留学、创办洋务军事工业技术学校和新式军事学堂等积极举措。至20世纪初，南京又兴起改革书院、创办新式学堂的热潮，当时的各类学堂已初显现代教育

江南水师学堂遗迹

从初等到高等并包括社会、成人教育的体系雏形。可以说，在教育由传统向现代过渡的过程中，南京教育始终走在变革的前面。当时南京新式学校主要有江南水师学堂、矿务学堂、师范学堂、外国语学堂、华侨学堂等。

四、民国高等院校

民国时期，南京教育整体规模逐渐扩大，发展势头迅速。南京对城内数千家私塾进行了改良或裁汰，使其初步与社会进步程度相适应，推动教育向现代转型。南京是全国较早进行乡村师范教育的地区之一。1927年3月，陶行知在南京的晓庄村创办了实验乡村师范学校，后改名为晓庄学校。南京高等教育相对发达。到1937年初，包括私立金陵大学和私立金陵女子文理学院，南京地区共有8所高等学校，居全国前列。抗战时期，高校西迁。1946年，开始回迁。国立中央大学、国立戏剧专科学校、国立药学专科学校、私立金陵大学等相继迁回南京，并在原址复校。战后，还新建了私立建国法商学院和私立南京工业专科学校等两所高校。这一时期，高等教育非常发达。东南大学、南京高等师范学校、金陵大学、河海工程专门学校等公私立高等学府的创建与发展，使南京成为东南地区高等教育重镇，其中东南大学成为我国继北京大学之后成立的第二所国立综合性大学，此后合并发展成为第四中山大学，再变更为中央大学，是当时中国院系最全、规模最大的高校。

第五章　钟山风雨——革命文化遗产

纵观南京的发展史，它是和中华民族的命运紧密联系在一起的。它见证了民族历史上的大转折、大开端，遗留下来了诸多以辛亥革命和红色文化为代表的革命文化遗产，具有重要的历史见证价值、文明传承价值和思想教育价值。南京是中国近代史的起点和终结地，体现着中国近代历史的沧桑。1842年在南京静海寺签订的《中英南京条约》，标志着我国近代史的开端。1853年3月太平天国建都南京，南京因而被马克思称为“东方革命风暴的中心”。孙中山先生领导的辛亥革命，推翻了在中国延续几千年的封建帝制。1949年，百万雄师过大江，南京解放，标志着统治中国22年的国民政府覆灭……可以说，没有任何一个其他中国城市可以像南京这样更清晰地展现中国近代历史的沧桑和屈辱、更为集中地体现中华民族的不屈和抗争。南京革命文化遗产主要包括各类遗址遗迹、陵园、纪念碑馆、名人故居旧址等各种有形的资源，还包括南京在这段时期内形成的革命文艺、励志事迹等无形的资源。

第一节　静海寺遗址

古静海寺占地2万多平方米，规模宏大，殿宇林立，气势恢宏，是金陵古刹之一。1842年英军侵犯南京，清政府被迫在静海寺与英国政府

静海寺遗址（吴小宝摄）

议约，双方共在寺内议约四次。8月29日在英军旗舰“康华丽”号上正式签订了中英《南京条约》。静海寺因此成为中国近代史起点的象征。为昭示后人牢记历史，致力振兴中华，江苏省和南京市政府于1990年在静海寺原址辟建了《南京条约》史料陈列馆。1997年，静海寺被评为全国百家爱国主义教育示范基地之一。院内有“三宿岩”“天妃宫碑”、铜镜“史鉴”和警世钟等景点。

第二节　天王府遗址

太平天国天王府遗址位于南京长江路292号，为洪秀全的王府，是国务院1982年2月公布的第二批全国重点文物保护单位之一。原建筑宏伟，规模颇大，周围十余里，重墙两道，每道围墙都达二丈多高。建筑分外城、内城两部分，两城分别名为“太阳城”和“金龙城”。太阳城的正门是天朝门，门前边有御沟，沟宽、深各两丈，沟上有桥，桥前面有一块镌刻着“天朝”的石坊。

金龙城的正门是圣天门，门内东西两侧有三层高的“朝房”，正面为金龙殿，金龙殿后有二殿、三殿、后宫林苑。金龙殿十分宏伟高大，瓦顶重檐、雕梁画栋，殿内四壁有彩绘的龙虎狮像，十分富丽堂皇。金龙大殿的东西两侧有东西花园。1864年7月，曾国荃率湘军攻陷天京，大肆抢掠，并烧毁了天王府。现仅存一些主要建筑，如六角亭、方胜亭、望亭和人工开凿的水池中的石坊等。在西花园的水池中、假山上曾打捞、发现过洪秀全“纶音”碑碑额和碑座、石鼓等太平天国时期的文物。

堂子街太平天国壁画也是全国重点文物保护单位之一。太平天国主要领导人均来自社会低层，经常接触并喜爱壁画这样的艺术形式。所以太平天国建立政权后，壁画艺术受到重视和大力提倡，壁画成为天京府第衙馆的装饰，“门扇墙壁，无一不画”。太平天国壁画的主要特点如下：一是壁画一般不绘人物；二是具有广泛的通俗性和群众性；三是具有浓厚的封建等级倾向；四是专业画士和民间画工合作进行艺术创作。遗憾的是，太平天国失败以后，壁画遭到了清政府毁灭性的破坏。1952年，在南京堂子街发现太平天国壁画18幅，全为彩色，均绘在墙壁或板壁之上，有“江防望楼图”“鹤寿图”“山亭瀑布图”等。

第三节 中山陵

孙中山先生逝世后不久，国民党元老陈去病等人即致函中山先生的临时治丧处，提出了中山先生陵墓建造的四条基本原则：“一、偏于平民思想之形式者；二、有伟大之表现者；三、能永久保存者；四、能使游览人了然先生之伟绩者”，并提议墓前要有台阶和广大之灵台，中间要立有石碑并刻上中山先生的遗教和毕生功绩，殿堂要安置中山先生的雕像，墓前辟为广场，要有喷泉池、音乐亭、纪念堂和公园游览处。后来墓葬筹备处在关于中山先生陵墓设计图案的征稿启事中，也基本反映了陈去病提出的这一意见。陵墓采用中、西结合的风格，用坚固石料钢筋混

孙中山

孙中山与宋庆龄合影

凝土建造，庄严简朴，各建筑专家也均表赞同。最后吕彦直的设计方案中标。中山陵的建筑在继承了中国传统建筑优秀遗产的基础之上，吸收了西方建筑的精华，形成了中西合璧的典型风格，是中国近代建筑史上最成功的伟大建筑之一。

中山陵位于紫金山第二峰茅山南麓。1926年1月动工兴建，主体工程历时3年多完工。1929年6月国民政府举行奉安大典，将孙中山先生遗体从北京碧云寺迁葬于此。陵园平面呈“警钟形”，

中山陵俯视图

寓意“唤起民众”。陵园总面积近3000公顷，其中墓地面积约8.3公顷。其建筑融汇中国古代与西方建筑之精华，以花岗石和钢筋混凝土为主要材料，庄严简朴，别具风格，中轴线上主要建筑有牌坊、墓道、陵门、石阶、碑亭、祭堂和墓室等。陵园坐北朝南，依山而建，气势雄伟。入口处是四楹三门冲天式大牌坊，由花岗石建成，中门横楣上刻有孙中山手书“博爱”两个鎏金大字，故称“博爱坊”。牌坊后是长442米、宽40米的甬道。甬道尽头的陵门为3个拱门的歇山顶建筑，坐北朝南，高16.5米、面阔26.7米、进深8.9米，全部用福建花岗石砌成，中门上方石额上镌刻着孙中山先生手书的“天下为公”，顶覆蓝色琉璃瓦。陵门北为碑亭，全部用花岗石建成，方形，四面各开一贯通的拱门，中央花岗石墓碑通

1929 年孙中山遗体下葬于南京中山陵

高约9米，上有谭延闿手书的“中华民国十八年六月一日中国国民党葬总理孙先生于此”的鎏金大字。碑亭后是由大片苏州金山花岗岩砌成的石阶，间设8个平台，直上至祭堂。第六平台上陈列着1对巨大的仿古铜鼎，上刻“奉安大典”篆字，由当时上海特别市政府捐赠。

祭堂前的大平台中央有两座华表，高12.7米。平台前石阶两边各置仿古铜鼎1件，高2.3米，口径2米；下有石座，高3.3米，是孙科为其父所造。祭堂是中山陵的主体，是中西合璧的宫殿式建筑，面阔27.45米，进深22.55米，重檐歇山顶，正面有3个拱门，由东向西门额上分别篆文阴刻“民族”“民生”“民权”，为张静江书写。祭堂后壁中央有两重墓门通向墓室，外门为两扇对开的紫铜保险门，门楣上有孙中山先生手书“浩气长存”横额。内闸为独扇铜制，门上竖镌张静江篆书“孙中山先生之墓”。墓室圆形，形如覆釜，直径18米，高11米，顶作穹隆状。墙壁坚固，外以香港花岗石贴面，中为钢筋混凝土浇筑，内壁为人造石装饰，白色大理石铺地。墓室中央是长方形墓穴，孙中山先生的遗体安放在深约5米的紫铜棺内，外用钢筋混凝土密封。上面是孙中山先生汉白玉卧像，由捷克著名雕刻家高琦按遗体形象雕刻。中山陵园的全部建筑工程至1933年才基本告成，陵园内还有音乐台、光化亭、仰止亭、流徽榭、行健亭、藏经楼、桂林石屋等附属建筑。1961年，列为全国重点文物保护单位。

南京与辛亥革命有关的墓葬、祠祀众多。在中山陵周围，安葬了多位与辛亥革命相关的革命者，有廖仲恺、谭延闿、韩恢、卢师谛、范鸿仙、徐绍桢等。在雨花台，有辛亥革命雨花台之役人马合冢；在莫愁湖，有粤军阵亡将士墓；在乌龙潭，有辛亥革命光复南京浙军阵亡将士纪念祠。

第四节　国民革命军阵亡将士纪念塔

国民革命军阵亡将士纪念塔位于紫金山南麓灵谷寺。原为国民革命军阵亡将士公墓的主要建筑之一，俗称灵谷塔，由建筑师墨菲等人设计，

1929年动工建设，历时7年告竣。公墓设于灵谷寺旧址上，由正门、牌坊、祭堂、纪念馆、纪念墓区和纪念塔组成，全部建筑除东、西墓区外，都在一条纵轴线上。纪念塔为钢筋混凝土结构，高60米，八面九层，塔底层直径14米，顶层直径9米，塔身外表镶以花岗石，细部做工雅致。塔作楼阁式，外设腰檐，覆蓝色琉璃瓦，檐下有平座，立石栏。沿塔心柱有螺旋式扶梯，共252级。每层设壶门8个，4隐4现，相间开辟。塔前石陛雕刻“日照山河图”，塔内各层内壁均嵌有题词碑刻。底层前门门额书“灵谷塔”三字，后门额镌有“有志竟成”四字。2001年，列为全国重点文物保护单位。

国民革命军阵亡将士公墓设立的目的是安葬在北伐战争中阵亡的官兵，以慰忠魂，分为第一公墓、第二公墓、第三公墓。南京解放后，第一公墓改为花圃、草坪，第二公墓改建为邓演达墓，第三公墓已荒废。

第五节　航空烈士公墓

航空烈士公墓位于紫金山的北麓王家湾附近，是1932年国民政府军政部航空署为纪念在北伐以及淞沪抗战中阵亡的空军飞行员而建。航空烈士公墓由金陵大学建筑系邱德孝教授设计，1932年8月建成。

公墓的主要建筑由牌坊、东西庑、碑亭、祭堂、纪念亭、墓茔以及纪念塔等地面建筑构成。其中纪念塔为方形，在塔的顶端是一座雄鹰的雕像，象征着烈士不屈的英灵。在祭堂的后面以及两侧辟有三个墓区，设墓穴160余个，每个墓穴前均刻有烈士简介。公墓建成后，首批墓主有在淞沪抗战中牺牲的黄毓全、吴明辉，以及在北伐战争中阵亡的空军飞行员30余人。至1937年4月共葬了40余人。之后，因时局紧张，在上海、南京保卫战中牺牲的烈士24人，合葬为一墓穴，其中有击落敌机11架的空军英雄刘粹刚等。

南京沦陷后，航空烈士公墓遭到破坏。其中纪念塔被毁弃，墓地许多建筑被拆毁，公墓几乎

航空烈士墓

成为废墟。抗战胜利后，国民政府还都南京，对航空烈士公墓进行了较大规模的修葺，修复了部分地面建筑。重修后的航空烈士公墓基本恢复了原貌，其中牌坊、碑亭、祭堂位于同一条中轴线上。牌坊高达8.35米，以钢筋混凝土建造，四楹三间，牌坊的上部为“白云滚滚、火光冲天”的造型，正面上方的横额阴刻“航空烈士公墓”六个大字。两侧立柱上，镌刻着何应钦题写的挽联：

航空烈士墓纪念馆

“捍国骋长空，伟绩光昭青史册；凯旋埋烈骨，丰碑美媲黄花岗。”在立柱的背面横额上有蒋介石题写的“精忠报国”四个字，立柱上还有蒋介石题写的挽联：“英名万古传飞将，正气千秋壮国魂。” 碑亭内中央立有汉白玉墓碑一通，该碑高达2.45米，宽1.25米，厚0.18米，镌刻着由原国民政府航空公署署长黄秉衡书写的《航空烈士公墓碑》碑文。东西庑各有三间，当时是作为各地烈士灵柩运抵后安葬前的暂厝之所。祭堂也为三间，面积有144平方米。

1946年3月29日，国民政府在公墓前举行了抗战胜利后的第一次公祭仪式。自1946年至1948年，陆续将全国各地在抗战中牺牲的空军将士灵柩迁葬于此，有些下落不明的，也经其家属提请在公墓内设置了衣冠冢。1949年以后，航空烈士公墓得到了当地政府的精心保护。有些烈士经人民政府确认后，不仅墓地得到保护，其遗属还得到了政府颁发的烈士证书。“文革”时期，航空烈士公墓同全国许多具有纪念意义的建筑一样，遭受了一场空前的浩劫，除了牌坊得以幸存外，其他地面建筑连同墓茔均遭捣毁。1985年重新修葺南京航空烈士公墓，到1995年8月18日“抗日航空烈士纪念碑”落成，前后间隔近10年，省、市地方政府及海内外社会各界人士拨款和捐款达数百万元，公墓的修复及扩建工程全面竣工。建筑包括原牌坊、东西庑、碑亭、祭堂、左右功德碑亭、顺山势而建的石阶、大平台、抗日航空烈士纪念碑、英烈碑（30块）、题词碑等地面建筑。碑亭内置“航空救国”碑一通，这是1923年孙中山先生为元帅府航空局“乐士文”号飞机试飞成功题写的。

在这座公墓内，安葬着中国烈士870名，美国烈士2197名，苏联烈士237名，韩国烈士2名。由于公墓历经沧桑，屡遭破坏，有些烈士的遗骸已无法找寻，因此许多墓穴仅是空穴。然而，为国捐躯的烈士英灵，是会被后人永远敬仰的。如今航空烈士公墓不仅是一处凭吊抗日烈士的墓地，同时也是中、美、苏人民在抗日战争中共同浴血奋战的最好的历史见证。

第六节 驻外使节九烈士墓

驻外使节九烈士墓位于安德门菊花台公园内。1942年，太平洋战争爆发后，美国撤兵菲律宾，日本占领了首都马尼拉。中国驻菲律宾的8位外交官为保护侨民，誓死坚守马尼拉，惨遭日军逮捕并残害。这8位烈士分别为：中国驻马尼拉总领事馆总领事杨光泩，领事朱少屏、莫介恩，随习领事姚竹修、杨庆寿、萧东明，主事卢秉枢，甲种学习员王恭炜。除此之外，还有一位是牺牲于北婆罗洲山打根的领事卓还来。1942年1月2日，马尼拉沦陷，日军不顾国际公法，悍然将杨光泩等人囚禁于菲律宾大学美术学院。不久，日军得知杨光泩等人曾销毁爱国捐建存据、焚烧法币，并将募捐的抗日资金送回国内，遂恼羞成怒，把杨光泩等人投入圣地亚哥炮台地牢。1942年4月17日，日军将受尽酷刑、遍体鳞伤的杨光泩等八人秘密杀害于马尼拉郊外华侨义山。

卓还来是中国驻北婆罗洲山打根领事馆领事。1942年1月19日，山打根沦陷，日军蛮横地冲进领事馆，把刺刀架于卓还来颈上，索要档案材料。卓还来淡然一笑，手指一堆灰烬说："全部在此，可以取走!"日军大怒，遂将卓还来及其夫人、孩子等全部逮捕。日军先后将卓还来囚禁于古晋、亚庇、保佛、根地咬等地的监狱和集中营达3年半之久。在转押过程中，当地侨胞曾安排卓

九烈士

前驻外使节九烈士墓（吴小宝摄）

还来逃走，但卓还来认为：“我是中国外交官，身系十万华侨之安危，一人脱险，万人遭受牵连，于心何忍!”不肯离去。卓还来在狱中备受敌人严刑折磨，但始终坚贞不屈。1945年7月6日，在日本帝国主义即将无条件投降的前夕，卓还来惨遭杀害，尸体被凶残的日寇焚毁。

抗战胜利后，9位烈士的忠骸运抵南京，于1947年9月安葬于菊花台，并改菊花台为“忠烈公园”。墓园于“文化大革命”期间被毁，1982年6月政府拨专款重修。墓园背依菊花台主峰，由牌坊、墓道、墓碑和9座墓冢组成。牌坊1座，原有于右任题写的“忠烈公园”，现已无存。墓道长100余米，墓碑通高1.9米，碑文为时任国民政府外交部部长王世杰所书，记载了遇害烈士事迹。9座墓冢呈扇形分布，前有祭台，后有弧形水泥屏墙，地面为鹅卵石铺砌。墓区四周苍松翠柏相拥，庄严肃穆。1995年，列为江苏省文物保护单位。同年，新建“驻外使节九烈士史料陈列馆”。陈列馆占地面积180平方米，陈列内容有“异域忠魂，名垂国史；忠贞不屈，成仁取义；义凛南天，魂系中华；忠魂归葬，万民同悼；民族气节，日月同辉；岁月沧桑，春华秋实”六部分。该馆为国内外第一个全面展示九烈士史料的陈列馆。

第七节 “二·七”纪念馆

王荷波

“二·七”纪念馆位于浦口浴堂街34号。这里曾是中国共产党早期领导人之一、革命先驱王荷波早年开展工人运动和领导南京地下党活动的场所。王荷波，福建闽侯人，1916年来到南京市浦口区境内的浦镇机车厂（即今浦镇车辆厂）当了一名钳工。1920年底，发起组织浦镇机厂工会，次年3月工会成立，先后任副会长、会长。1922年夏，在北京加入中国共产党。同年秋，在今浴堂街34号成立了南京地区第一个共产党小组——浦口党小组。从此以后，两浦铁路工人和全市的工人运动在浦口党小组领导下，革命斗争进入一个新的阶段。1923年2月9日，两浦铁路工人声援京汉铁路工人“二·七”大罢工的卧轨斗争，是有组织的全国性政治斗争的一部分。1927年10月，王荷波因叛徒出卖被捕；11月，被军阀张作霖杀害于北京。1949年12月11日，中共中央组织部、中华全国总工会、中共北京市委组成“王荷波同志等十八烈士移葬委员会”，将烈士的遗骸移葬于北京八宝山革命公墓。2012年7月，南京市纪委、监察局联合浦口区委、区政府在浴堂街34号（即中华工会和两浦铁路工人“二·七”大罢工指挥所旧址）建立了两浦铁路工人“二·七”大罢工纪念馆，纪念馆属清末民初浴室建筑。

“二·七”大罢工指挥部旧址

第八节　雨花台烈士陵园

雨花台烈士陵园位于中华门外雨花台。民国时期，雨花台是国民党屠杀中国共产党人和爱国人士的刑场。为了纪念革命先烈，1950年，在此兴建了雨花台烈士陵园，在当年烈士集中殉难处皆建有“革命烈士殉难处”牌坊以及其他纪念物。1979年9月，在北大门内建成烈士就义群雕，群雕高10.3米、长14.2米，由党的工作者、知识分子、工人、农民、战士、学生等9位烈士形象组成，表现烈士们临刑前大义凛然、视死如归的浩然正气。1988年7月，建成开放烈士纪念馆。纪念馆建筑面积5900平方米，门庭南上方刻有邓小平手书的馆名“雨花台烈士纪念馆”，馆内展出革命文物和烈士史料。翌年在雨花台主峰顶建成烈士纪念碑，碑高42.3米，寓意1949年4月23日南京解放，碑身正面镌刻邓小平手书“雨花台烈士纪念碑”八个鎏金大字，背面有江苏省人民政府和南京市人民政府撰写的碑文。此外，陵园内还建有纪念碑廊、纪念桥和忠魂亭等纪念性建筑。

东殉难处

北殉难处

雨花台烈士陵园纪念碑

雨花台烈士陵园纪念馆

1988年，被列为全国重点文物保护单位。

第九节　皖南事变三烈士墓

皖南事变三烈士墓位于雨花台区雨花台烈士陵园西南约1公里处。皖南事变三烈士系指在“皖南事变”中被叛徒刘厚总暗害的新四军副军长项英、副参谋长周子昆和在茂林战斗中牺牲的政治部主任袁国平。1941年1月4日，新四军军部及所属皖南部队约9000人，经中共中央同意，按国民政府的部署移师北上。两天后到达泾县茂林地区时，突遭国民党反动派预先埋伏的8万余人的袭击。虽然双方兵力悬殊，但新四军英勇拼杀，血战7昼夜，终因弹尽粮绝，大部分被俘、牺牲或失散，突围出去的仅有2000余人。

项英，1898年出生于武昌。1920年领导武汉第一次纱厂工人罢工。1922年3月加入中国共产党，1931年被选为中华苏维埃共和国临时中央政府副主席。1938年1月，新四军成立，任副军长、政委兼中共中央军委新四军分会书记。1941年3

月12日深夜，在安徽赤坑山蜜蜂洞被副官刘厚总杀害。

袁国平，湖南邵东人。参加过北伐战争、南昌起义和广州公社起义，1936年2月至3月任陕北留守兵团政治部主任，后任红军大学三科政委、红军教导师师长兼政委。“七七”卢沟桥事变后任陇东特委书记。1938年3月去延安，后调任新四军政治部主任，皖南事变时牺牲。

周子昆，1901年出生在广西桂林，参加过孙中山先生的“铁甲队”，后参加北伐战争、南昌起义。1936年长征中任中央军委一局局长，后任

皖南事变三烈士墓（吴小宝摄）

抗日军政大学训练部部长。新四军建立后，任副参谋长。皖南事变时与项英同时被害。

三烈士墓又称将军墓，1955年迁葬于此，由中国人民解放军南京军区修建衣冠冢，以志纪念。三座墓均呈圆形，一字排开，墓前有石碑。墓高3.4米；墓碑高3.8米，宽1米，厚0.5米；墓道全长300余米，墓区占地约1万平方米。“文化大革命”中3墓曾遭破坏，现已重新修复。

第十节　晓庄英烈与行知园

1927年3月，陶行知创办了南京晓庄师范。这是一所以培养乡村教师为目的的进步学校，吸引了一批有志向、有抱负的爱国青年来校学习。陶行知的教育理念和在晓庄师范的实践活动，引起全国各界的关注。

1928年夏，晓庄师范秘密建立了中共地下党支部，这是四一二政变后，当时南京地区最早恢复的党支部之一。从1930年6月至9月，晓庄师范有30余名师生被捕入狱。在牢狱中，面对敌人的

晓庄革命烈士永垂不朽纪念碑

陶行知墓（吴小宝摄）

种种酷刑，他们宁死不屈，表现了崇高的革命气节。八九月间，晓庄师范青年学生石俊、叶刚、郭凤韶、袁咨桐、姚爱兰、谢纬棨、沈云楼、胡尚志、汤藻、马名驹10位同志，先后在雨花台英勇就义。他们中年龄最大的23岁，最小的才16岁。为纪念牺牲的10位英烈，1951年3月，在栖霞区和燕路晓庄行知路1号行知园南侧竖立起了“晓庄革命烈士永垂不朽纪念碑”。

第十一节　八路军驻京办事处

八路军驻京办事处旧址位于青云巷41号和高云岭29号，又称第十八集团军驻京办事处。办事处既是八路军派驻南京的办事机构，又是中共中央驻京办事机构，是当年八路军在国民党统治区设立的第一个公开办事机构。办事处原为南开大学校长张伯苓公馆，1937年8月，周恩来利用与张伯苓的师生关系租用张公馆作为八路军驻京办事处。博古、叶剑英、董必武、叶挺、李克农、钱之光等人曾作为工作人员在此居住。从1937年

8月中旬开始设立，至同年11月中旬因时局紧张撤离南京，虽然只有3个多月的时间，却担负了繁重的任务，做了大量工作。它推动了第二次国共合作，巩固和发展了抗日民族统一战线，营救了被关押在江、浙两省的1000多名政治犯，使大批和组织失去联系的同志重新回到队伍中来，恢复和建立了长江流域以及华南地区的党组织，还为陕甘宁边区和八路军采办了大量的军需、民用物资。傅厚岗66号（现为青云巷41号）院内原有1幢坐北朝南的西式3层楼，砖木结构，清水砖墙，面阔13.99米，进深10.54米，建筑面积270平方米。一楼设会客室、办公室，二楼是卧室、办公室，三楼是机要室。院内西南角小平房是收发室，楼后小披间是油印室。办事处又租用高楼门29号（现为高云岭29号）坐北朝南的西式2层小楼1幢，砖木结构，对外称处长公馆，博古、廖承志等曾在此居住。抗日战争胜利后，八路军办事处于1946年由重庆迁回南京，在梅园新村中共代表团驻地办公。现青云巷41号为梅园新村纪念馆的分馆——八路军驻京办事处旧址纪念馆，对外

八路军驻京办事处旧址

开放。1987年，对建筑进行了维修加固，仍保持原来格局。高云岭29号现为江苏省委机关干部住房。1982年，列为江苏省文物保护单位。

第十二节　梅园新村

中共代表团梅园新村办事处原址位于长江路东端梅园新村17号、30号和35号。1946年5月3日，以周恩来、董必武为首的中共代表团由重庆迁来此地，与国民政府举行和平谈判，直到1947年3月7日被迫撤离。梅园新村30号主要建筑是1幢西式2层楼房，楼下有会客室、小餐厅、办公室和卧室，是周恩来、邓颖超办公和住宿的地方，楼上设机要室和秘密电台，院内还有两处车库。35号与30号只有一墙之隔，有门互通，也是1座2层楼房，楼下为董必武和廖承志办公室和卧室，楼上为钱瑛和李维汉的办公室兼卧室。叶剑英也在这里住过。17号在路东，有2幢2层楼房，是代表团办事机构驻地。院内老楼内有代表团的小会议室、抄报室、外事组、电讯室、新闻组、军事组、妇女组、八路军驻京办事处等。院内南边代表团新盖楼上作宿舍，楼下为饭厅，周恩来常在此举行记者招待会。1977年，辟建为中共代表团梅园新村纪念馆。1990年，纪念馆新馆由中国工

中国共产党代表团办事处旧址——梅园新村

程院院士齐康设计。1999年，被评为全国十大优秀建筑。1996年，列为全国重点文物保护单位。

第十三节　渡江胜利纪念碑

渡江胜利纪念碑及纪念馆位于挹江门外热河路广场中心，1979年，为纪念南京解放30周年而建。碑呈乘风破浪的帆船之形，象征着百万雄师横渡长江天堑的壮丽场面。钢筋混凝土结构，通高23.4米，寓意4月23日南京解放日。碑座为绛紫色花

渡江胜利纪念馆

渡江胜利纪念碑（吴小宝摄）

岗岩船体，高2.10米、长17.55米、头宽10.55米、尾宽12.65米，背面镌刻毛泽东手书诗词《七律·人民解放军占领南京》，东、西两侧浮雕军民胜利渡江的场面。碑身长17米、宽12米，作两片对称的白色弧形帆状，上悬一枚直径2.5米、重约400千克的金黄色玻璃钢制渡江纪念章，背刻“1949.4.21”，正面有邓小平亲笔题词“渡江胜利纪念碑”七个铜铸大字。其碑身船帆作“八”字形，碑座诗碑作“一”字形，构成“八一”图案。1986年，又在碑座船体侧壁上镶嵌了大型浮雕，右为“强渡”，左为“欢庆”。1982年，列为江苏省文物保护单位。

与纪念碑相配套的是渡江胜利纪念馆。老馆位于挹江门城楼上，1984年4月建成开放。新馆2009年4月建成，位于三汊河口公园，由胜利广场和主馆区两部分组成，占地面积6582平方米，建筑面积9000平方米。主馆区展厅分风雨苍黄、天翻地覆、人间正道、胜利之城4个部分，汇集了400余件珍贵文物、500多幅史料图片，是爱国主义和革命传统教育的重要基地。

第十四节　新四军一支队司令部旧址

新四军一支队司令部旧址位于高淳区中山大街迎薰门左侧吴家祠堂。1938年6月1日，陈毅率领新四军一支队从皖南南陵出发，挺进苏南敌后；6月3日深夜抵达高淳，司令部设在吴家祠堂。陈毅还在此写下《东征初抵高淳》的著名诗篇。

1938年8月，新四军一支队派政治部宣传科长戈白章和张春生、侯日千、华仁义等人组成工作组，驻淳溪镇开展地方工作，对外称“新四军驻淳办事处”。同年11月，戈白章等人调离，由二支队民运科长彭冲接任办事处主任，芮军任干

新四军一支队司令部旧址

竹镇市抗日民主政府旧址（六合）

事。1939年4—5月间，彭冲、芮军先后调离，由陈立平、姚路接任。8月底日军侵占县城，办事处撤离，旋即转赴茅山。

吴家祠堂是砖木结构的民居，坐北朝南，主屋三进，每进均为面阔三间。前进是戏台，面阔13.3米，进深10.2米；中进面阔14米，进深16米；后进面阔13.8米，进深13.6米。前、中两进左侧，建东厢侧屋三进，每进三间。

第十五节　红色李巷

抗战期间，新四军曾在溧水境内创建了阳溧高、江当溧、江溧句三块抗日根据地，特别是白马镇李巷村是新四军苏南抗战的指挥中心，十六旅旅部、中共苏皖区委、苏南行政公署等苏南党政军首脑机关都曾驻扎在李巷，项英、陈毅、粟裕等老一辈革命家曾在此生活战斗。溧水还有著名的大金山抗战遗址。目前，由溧水区对李巷及周边25个自然村开展调研，筛选出8个村20处有较高价值的红色文化遗址遗迹，其中李巷村有李家祠堂（十六旅旅部、中共苏皖区委、苏南行政公署驻地）、地下交通总站、溧水第一个农村党支部等旧址，以及陈毅、江渭清等新四军领导旧居等。

第十六节　横山县抗日民主政府旧址

横山县抗日民主政府旧址位于江宁区横溪呈村。该旧址建筑宏伟，门楼高大，庭院广深，并

横山县抗日民主政府旧址（吴小宝摄）

有走马楼一幢，号称九十九间半，原为大地主余少璋私宅。这处房舍建于民国二年（1913），后损毁较多，仅存房屋14间，约250平方米。1982年，列为南京市文物保护单位。

抗日战争爆发后，新四军先遣部队和一、二支队挺进江南，在陈毅、粟裕等领导下开辟了江宁、横山游击根据地。当时的主要任务是宣传抗日，了解敌情。随着抗日斗争的逐步深入和民主运动的日益发展，1941年8月，江宁县成立抗日民主政府。1943年，成立横山县抗日民主政府，旧址在江宁区横溪镇呈村。

在抗日战争中，这里一度成为横山地区的政治中心。江宁、横山两县的区级抗日民主政府分别成立。1944年4—5月，横山县山西参政会、山北参政会相继宣告成立。1945年4月，横山县成立了县参政会，由张干农任议长、业文明任副议长。县、区参政会根据“三三制”的原则，以共产党员，进步分子和开明地主、士绅各占三分之一的名额组成。横山参政员大部分是在江（宁）当（涂）溧（水）三县行政委员会任过职的中上层人士，他们在协同政府、团结各阶层人员积极抗日、实行民主政治中发挥了很大作用。

为了争取抗日战争的胜利，抗日民主政府和新四军在横山地区十分注意对国民党上层人士、地方士绅晓以民族大义，进行团结抗日的教育；对爱国青年，引导他们走上抗日道路；对地方武装，资助枪火，配备政工、军事干部，加以整顿和改造，从而使一些地方士绅或有一定影响的人物在抗日战争中拥护中国共产党的主张，坚持团结抗日救亡。在抗日斗争中涌现出大批积极分子和骨干力量，如刘一鸿、费明龙等同志，抗战初期均是自发组织抗日的农民武装头领，在新四军领导教育下，立下了赫赫战功。

第十七节　六合竹镇抗日民主政府旧址

六合竹镇抗日民主政府旧址位于六合区竹镇镇北后街，是抗日战争时期“淮南行署竹镇市抗日民主政府”所在地。1939年8月20日，新四军第五支队司令员罗炳辉率部进驻竹镇后，竹镇成为

六合竹镇抗日民主政府旧址

津浦路东主要抗日根据地之一，方毅等人曾在此领导和指挥过抗日战争。1942年5月，竹镇改为县辖市，成立竹镇市抗日民主政府。1942年5月，建置撤销。其建筑坐东朝西，二进四合院落，硬山顶，共有砖木结构房屋20间，南北长24.7米、东西长20米，占地面积546.2平方米。1983年，对旧址进行了修缮，并于翌年起正式对外开放。1982年，列为南京市文物保护单位。

参考资料

［唐］许嵩撰，张忱石点校：《建康实录》，中华书局1986年版

［晋］陈寿撰，［宋］裴松之注：《三国志》，中华书局1964年版

［宋］周应合：《景定建康志》，《南京稀见文献丛刊》，南京出版社2010年版

［宋］普济著，苏渊雷点校：《五灯会元》，中华书局1997年版

［元］脱脱等撰：《宋史》，中华书局1977年版

［元］张铉：《（至正）金陵新志》，清文渊阁四库全书本

［明］陈舜仁：《（万历）应天府志》，明万历刻增修本

［明］施沛：《南京都察院志》，明天启刻本

［明］葛寅亮：《金陵梵刹志》，明万历刻天启

印本

［明］葛寅亮：《金陵玄观志》，南京出版社2011年版

［明］申时行：《大明会典》，明万历内府刻本

［明］李贤：《明一统志》，清文渊阁四库全书本

［明］陈沂：《金陵世纪》，南京出版社2009年版

［明］顾起元：《客座赘语》，中华书局1987年版

［明］吴应箕：《金陵待征录》，南京出版社2009年版

［清］刘智：《天方至圣实录》，中国伊斯兰教协会1984年版

［清］张岱：《陶庵梦忆》，清乾隆五十九年王文诰刻本

［清］张廷玉：《明史》，中华书局点校本1974年版

［清］王谟辑：《汉唐地理书钞》，中华书局1961年版

［清］顾炎武撰，贺次君、施和金点校：《读史方舆纪要》，中华书局2005年版

［清］方苞：《方望溪全集》，中国书店1991年版

［清］黄瑞图修，姚鼐纂：《（嘉庆）重刊江宁府志》，清嘉庆十六年修，清光绪六年刊本

［清］赵尔巽等撰：《清史稿》卷四百四十六，列传二百三十三，中华书局1977年版

［清］穆彰阿：《（嘉庆）大清一统志》，四部丛刊续编景旧钞本

［清］蒋启勋，赵佑宸修；汪士铎等纂：《同治续纂江宁府志》，江苏古籍出版社1991年版

［清］陈毅：《摄山志》，台北明文书局1980年版

［清］孙文川：《南朝佛寺志》，台北明文书局1980年版

［清］傅观光修，丁维诚纂：《（光绪）溧水县志》，清光绪九年刊本

［清］赵宏恩修：《（乾隆）江南通志》，清文渊阁四库全书本，卷四十三《舆地志》

［清］闵派鲁修，林古度纂：《（顺治）溧水县志》，清顺治刻本

［清］莫祥之，甘绍盘修；［清］汪士铎等纂：《同治上江两县志》，江苏古籍出版社1991年版

［清］武念祖修：《道光上元县志》，江苏古籍出版社1991年版

［清］甘熙撰：《白下琐言》，南京出版社2007年版

［清末民初］陈作霖撰，陈济民点校：《金陵琐志九种东城志略》，南京稀见文献丛刊，南京出版社2008年版

［清末民初］陈作霖撰，卢海鸣点校：《金陵琐志九种炳烛里谈》，南京稀见文献丛刊，南京出版社2008年版

［民国］王焕镳编纂：《首都志》卷十四，上海：上海书店出版社1935年版

［民国］陈诒绂撰，许耀华点校：《金陵琐志九种钟南淮北区域志》，南京稀见文献丛刊，南京出版社2008年版

［民国］胡祥翰撰；朱同芳，颜一平主编：《金陵胜迹志》，南京出版社2012年版

刘春堂修，吴寿宽纂：《民国高淳县志》，江苏古籍出版社1991年版

朱偰：《金陵古迹图考》，中华书局2006年版

朱奇明：《金陵文韵》，河海大学出版社2008年版

杨新华、王宝林主编：《南京山水城林》，南京大学出版社2007年版

杨新华、卢海鸣主编：《南京明清建筑》，南京大学出版社2001年版

《南京地名大全》编委会编：《南京地名大全》，南京出版社2012年版

萧梦龙编：《江南胜迹》，江苏科学技术出版社1993年版

高淳县政协学习、文史委员会、高淳县文化局编：《高淳文史资料》第15辑《高淳文物》，2000年版

郑乐干：《江宁史话》，江苏人民出版社2006年版

政协南京市下关区文史资料研究委员会编：《下关文史》第一辑，1992年版

罗哲文：《中华名楼大观》，机械工业出版社2011年版

后记

南京历史源远流长，文化底蕴厚重，各类遗存众多，历史名人辈出，是中华文明的重要发祥地之一。为了推动中华优秀传统文化创造性转化和创新性发展，进一步传播普及南京历史文化，南京市社会科学界联合会特组织编撰了《南京地方文化专辑》。其中的《南京文化遗产概览》是通俗读物、休闲读物，既尊重其真实性，更着重其可读性，力图运用通俗易懂、生动活泼的语言，介绍南京文化精粹，阐释古都文化魅力。

在《南京文化遗产概览》撰稿过程中，得到了许多专家、学者及相关部门的关心和帮助。吴小宝、张国祥等给本书提供了部分图片；南京市社科联科普处给予关心和帮助。书中引用了部分已经出版或发表的关于南京历史、文化、艺术、科学的专著、志书、文章、图片等相关资料。在此表示诚挚的谢意!

由于作者水平所限，加之时间较为紧迫，书中难免会出现疏漏和不足，敬请读者批评指正。

编者